高职高专财务会计类专业精品规划教材

财经基本技能
（第二版）

许小曼　■主　编
廖　红　唐雪涛　■副主编

清华大学出版社
北　京

内 容 简 介

本书对珠算技能、点钞技能与人民币知识和财务书写、翻打传票技能和计算器应用等知识进行了全面介绍。点钞技能、翻打传票技能和计算器应用技能均根据金融行业要求掌握的技能编写。在每个小技能学习结束后，配有相对应的同步训练，帮助学生及时、更好地掌握相应的技能，同时提供行业标准对照进行训练，做到有学有练，熟能生巧。

本书可作为职业院校财经类专业的技能课教材，也可作为银行从业人员的自学参考书和培训用书。

本书封面贴有清华大学出版社防伪标签，无标签者不得销售。
版权所有，侵权必究。 举报：010-62782989，beiqinquan@tup.tsinghua.edu.cn。

图书在版编目(CIP)数据

财经基本技能/许小曼主编．—2版．—北京：清华大学出版社，2019（2025.2重印）
（高职高专财务会计类专业精品规划教材）
ISBN 978-7-302-52450-2

Ⅰ．①财⋯ Ⅱ．①许⋯ Ⅲ．①会计－高等职业教育－教材 Ⅳ．①F23

中国版本图书馆 CIP 数据核字（2019）第 043607 号

责任编辑：张　弛
封面设计：于晓丽
责任校对：李　梅
责任印制：丛怀宇

出版发行：清华大学出版社
网　　址：https://www.tup.com.cn，https://www.wqxuetang.com
地　　址：北京清华大学学研大厦 A 座　　邮　　编：100084
社 总 机：010-83470000　　邮　　购：010-62786544
投稿与读者服务：010-62776969，c-service@tup.tsinghua.edu.cn
质量反馈：010-62772015，zhiliang@tup.tsinghua.edu.cn
课件下载：https://www.tup.com.cn，010-62770175-4278

印 装 者：三河市人民印务有限公司
经　　销：全国新华书店
开　　本：185mm×260mm　　印　张：9　　字　数：212千字
版　　次：2015 年 8 月第 1 版　2019 年 5 月第 2 版　　印　次：2025 年 2 月第 5 次印刷
定　　价：36.00 元

产品编号：078151-01

FOREWORD 第二版前言

为了培养应用型人才,满足社会对应用型人才的需要,提高学生实际动手能力,适应高职高专和应用型本科财经各专业教学的需要,编写了《财经基本技能》(第二版)。本书可作为高职高专、成人院校和应用型本科财经类、管理类专业的教学用书,也可作为财经人员岗位培训的教材或参考书,还可作为广大读者自学财经技能的参考书。本书具有以下特点。

1. 涵盖面广

本书涵盖面广,为培养一专多能的财经技能型人才奠定基础,具体包括以下内容。

2. 以就业为导向,紧扣职业教育主旋律

本书以培养学生动手能力、降低技能学习的难度、缩短各项技能的入门时间为目的而编写,为学生学好技能、掌握技能提供良好的学习资料,增强学生的岗位适应能力,实现与工作"零"对接,为学生今后就业打下良好的基础。

3. 编写教师具有丰富的理论和实践经验

编写教师一直从事财经基本技能的教学,有系统的理论知识,并长期作为教练带队参加全国、全区各种技能比赛,取得了良好的成绩,还为浦发银行、中信银行、农村信用社等银行培训员工,有丰富的实战经验。

4. 突出"注重"

注重教、学、训、练、用五结合;注重通俗易懂、图文并茂,把理论与实际操作及训练方法融为一体。

本书由许小曼任主编,廖红、唐雪涛任副主编,颜荣荣参编。

由于编者水平有限,书中难免存在不足之处,恳请相关专家和读者批评指正,以使本书能及时得到完善。

编 者
2018 年 12 月

CONTENTS 目 录

项目1 珠算技能 ·· 1

  技能1 珠算知识概述 ·· 1
    一、珠算基础知识 ·· 1
    二、珠算的国际化与非物质文化遗产申报 ·· 5
    三、算盘的结构与种类 ·· 6
    四、珠算常用术语 ·· 8
    五、置数、拨珠要领、拨珠指法和握笔法 ·· 10
  同步训练 指法练习 ·· 13
  技能2 珠算加减法 ·· 14
    一、珠算加减法原理 ··· 15
    二、加减法的运算顺序与规则 ··· 15
    三、珠算加法 ··· 15
    四、珠算减法 ··· 18
    五、加减混合算法 ·· 21
    六、加减法的简便算法 ·· 22
  同步训练1 加法 ··· 27
  同步训练2 减法 ··· 28
  同步训练3 加减法练习方法 ·· 29
  同步训练4 加减法综合练习 ·· 30
  技能3 珠算乘法 ··· 32
    一、珠算乘法原理 ·· 32
    二、珠算乘法的定位方法 ··· 33
    三、基本珠算乘法 ·· 35
    四、其他珠算乘法 ·· 42
  同步训练 乘法 ··· 45
  技能4 珠算除法 ··· 46
    一、珠算除法原理 ·· 46
    二、珠算除法的定位方法 ··· 47

三、常用的珠算除法 ·· 48
　　　四、退商与补商 ·· 55
　　　五、除法的简便算法 ·· 60
　同步训练　除法 ·· 62
　技能 5　珠算差错查找方法 ·· 65
　　　一、珠算加减法差错查找方法 ······································ 65
　　　二、珠算乘除法差错查找方法 ······································ 66

项目 2　点钞技能与人民币知识和财务书写 ································ 67
　技能 1　点钞技能基本要求 ·· 67
　　　一、学习点钞的意义 ·· 67
　　　二、点钞的基本程序 ·· 67
　　　三、点钞的基本要求 ·· 68
　同步训练　点钞用品的摆放 ··· 69
　技能 2　手工点钞技术 ·· 69
　　　一、手持式单指单张点钞法 ·· 69
　　　二、手按式单指单张点钞法 ·· 71
　　　三、手按式多指多张点钞法 ·· 72
　　　四、手持式多指多张点钞法 ·· 74
　　　五、扇面点钞法 ·· 75
　　　六、扎把 ·· 76
　同步训练 1　手持式单指单张点钞技能 ·································· 78
　同步训练 2　手按式多指多张点钞技能 ·································· 78
　同步训练 3　手持式四指四张点钞技能 ·································· 78
　同步训练 4　压条式捆扎和盖章 ··· 79
　技能 3　机器点钞技术 ·· 79
　　　一、点钞机操作要领 ·· 79
　　　二、使用点钞机的注意事项 ·· 80
　同步训练　点钞机的使用 ·· 81
　技能 4　掌握人民币知识 ·· 81
　　　一、2005 年版第五套人民币纸币的票面特征和防伪特征 ············· 81
　　　二、2005 年版第五套人民币 50 元纸币 ···························· 82
　　　三、2005 年版第五套人民币 20 元纸币 ···························· 83
　　　四、2005 年版第五套人民币 10 元纸币 ···························· 84
　　　五、2005 年版第五套人民币 5 元纸币 ····························· 85
　　　六、真假人民币鉴别方法 ·· 85
　同步训练　人民币的知识训练 ··· 88
　技能 5　财务数字的书写 ·· 90
　　　一、阿拉伯数字的书写规定 ·· 91

二、中文大写数字的书写规定 ………………………………………………… 92

　　同步训练　财务数字的书写训练 ………………………………………………… 93

项目3　翻打传票技能和计算器的应用 ………………………………………………… 95

　　技能1　数字录入训练 ………………………………………………… 95

　　　　一、正确坐姿 ………………………………………………… 95

　　　　二、认识数字键区 ………………………………………………… 96

　　　　三、认识盲打指法 ………………………………………………… 97

　　同步训练　数字盲打 ………………………………………………… 97

　　技能2　翻传票训练 ………………………………………………… 102

　　　　一、传票的整理和摆放 ………………………………………………… 102

　　　　二、传票的找页 ………………………………………………… 103

　　　　三、传票的翻页 ………………………………………………… 104

　　同步训练　翻传票 ………………………………………………… 104

　　技能3　翻打传票训练 ………………………………………………… 106

　　　　一、传票录与传票算 ………………………………………………… 106

　　　　二、传票录与传票算操作要点分析 ………………………………………………… 107

　　　　三、翻打传票的技巧 ………………………………………………… 108

　　同步训练　翻打传票 ………………………………………………… 108

　　技能4　电子计算器的使用训练 ………………………………………………… 109

　　　　一、电子计算器的结构 ………………………………………………… 110

　　　　二、计算器的类型 ………………………………………………… 110

　　　　三、计算器的按键功能及使用方式 ………………………………………………… 110

　　　　四、电子计算器的指法 ………………………………………………… 112

　　　　五、电子计算器的维护 ………………………………………………… 113

　　同步训练　计算器翻打传票 ………………………………………………… 113

　　技能5　设计传票翻打训练时间表 ………………………………………………… 121

参考文献 ………………………………………………… 123

附录A　人民币管理 ………………………………………………… 124

附录B　财经相关技能行业标准 ………………………………………………… 132

项目 1

珠算技能

珠算技能是财经工作人员必备的基本技能。本项目包括珠算的基础知识、珠算加减法、珠算乘法、珠算除法、珠算差错查找方法五个方面的内容。通过学习使学习者了解珠算的起源与发展,熟悉拨珠指法与握笔法,熟练掌握珠算加减乘除计算方法和珠算差错查找方法。

技能 1　珠算知识概述

技能要求
- ☑ 了解珠算的起源与发展。
- ☑ 了解珠算的国际化。
- ☑ 了解珠算的非物质文化遗产申报。
- ☑ 了解算盘的结构与种类。
- ☑ 熟悉拨珠指法与握笔法。
- ☑ 掌握算盘的置数。
- ☑ 掌握珠算常用术语。

一、珠算基础知识

(一) 珠算的概念

珠算是以算盘为计算工具,以数学规律为基础,用手指拨动算珠进行数值计算的方法。它是我国古代劳动人民重要的发明创造之一,千百年来这一技术不断扩散,传播到世界各国,推进着人类文明的发展历程。为使世界各国清晰、准确地理解珠算的概念,2013 年 12 月 4 日联合国教科文组织颁发的证书中将"中国珠算"定义为"运用算盘进行数学计算的知识与实践"。

珠算既是一门应用技术,也是一门新兴的教育启智科学。随着对珠算的计算、教育、启智等多种功能的开发利用,已经形成了一套完整的珠算教育教学理论体系和独特的计算体系。

（二）珠算的起源和发展

1. 珠算的起源

珠算是我国古代劳动人民的伟大创造，但它究竟起源于何时，由于珠算史料极其缺乏，珠算史家们说法不一。根据已有的珠算史料，综合各家之言，可以得出以下结论：我国珠算萌于商周，始于秦汉，臻于唐宋，盛于元明，是我国文化宝库中的优秀科学文化遗产之一，被誉为中国的"第五大发明"，有"世界上最古老的计算机"之美称。

(1) 萌于商周

珠算是用珠做计数元件，以一定方式排列，用以表示数字，然后根据五升十进制原理进行计算。我国在三千多年前的商代就有了完备的十进制记数系统。目前发现的最早用来计算的圆珠便是西周时期的陶丸。因此，珠算的萌芽可远溯至三千多年前的商周时期。

(2) 始于秦汉

最早出现"珠算"一词的是东汉徐岳所著《数术记遗》。书中一共记载了我国汉代以前的十四种算法及算具，即积算、太乙、两仪、三才、五行、八卦、九宫、运筹、了知、成数、把头、龟算、珠算、计算。其中对"珠算"方法的记载原文为："珠算：控带四时，经纬三才。"这种"珠算"被称为"游泳算板"，它与现在使用的算盘有所不同，但其计算原理已是五升十进制，所以可视为现代算盘的前身。

(3) 臻于唐宋

现今所使用的这种算盘又是何时开始出现的呢？根据现有史料推断，在宋代已出现现在所使用的这种算盘。

史料一：巨鹿算珠。宋徽宗大观二年，即1108年，河北省巨鹿古城因黄河泛滥而被淹没。1921年7月，北平国立历史博物馆派人员前往巨鹿三明寺故址发掘，获得王、董二姓故宅地下的木桌、碗箸、盆、石砚、围棋子、算盘子等二百多件文物，其中掘得算盘珠一颗，此珠木质，扁圆形，与如今通用的算盘珠大小相仿，只稍扁，这颗算珠现由北京历史博物馆收藏。

史料二：《清明上河图》。《清明上河图》是北宋大画家张择端的著名作品。这幅画生动地再现了当时东京（又称汴京）城内人民的生活、生产、商业贸易以及集镇、农村的真实面貌。在接近全图的最后部分，也即画卷的最左端有一家称作"赵太丞家"的药铺柜台上放着一架算盘，可见北宋时人们已经使用算盘当计算工具了。

(4) 盛于元明

根据现有史料推断，元明时期已普遍使用珠算并对它进行研究。

史料一：元初画家王振鹏所绘的《乾坤一担图》中，有一个货郎担上就有一把算盘，其横梁和档子，穿珠极为清晰，表明珠算已在民间流行普及。

史料二：在我国古代，珠算对儿童教育的作用很早就被发现了。明初期（1371年）刊印的《魁本对相四言杂字》一书中出现了与现代算盘一模一样的算盘图，图上画的是梁上二珠、梁下五珠的十档算盘。这是最早将算盘图绘入看图识字类的儿童读物。

史料三：我国明代数学家吴敬所著的《九章算术比类大全》中系统地论述了珠算的各种算法，首次应用退法口诀，使珠算四则运算歌诀完善；创用先十法、商归法、乘除易会算诀、法首定位法和袖中锦定位法,我国珠算计算体系已经初步形成。

史料四:《新集通证古今算学宝鉴》是中国传统数学在明代中叶珠算取代筹算时期,由自学成才的杰出数学家、珠算大师王文素积三十余年之功,用珠算计算撰写的一部有代表性的数学巨著。

史料五:明代数学家程大位被称为"珠算之父"。他撰写的《新编直指算法统宗》(以下简称《算法统宗》)是中国古代数学名著。《算法统宗》确立了算盘的用法,完善了珠算口诀,堪称中国16至17世纪数学领域的集大成之作。书中介绍数学名词、大数、小数和度量衡单位以及珠算盘式图、珠算各种算法口诀等,并举例说明具体用法。《算法统宗》是一部应用数学书,该书以珠算为主要的计算工具,列有595个应用题的数字计算,都不用筹算方法,而是用珠算进行演算。书中评述了珠算规则,完善了珠算口诀,确立了算盘用法,完成了由筹算到珠算的彻底转变。

2. 珠算的发展历程

中国发明的珠算既提供给人类计算技能,还具有教育启智等功能,科学内涵十分丰富。按对珠算功能的应用划分,珠算的发展经历了三个阶段:单纯利用计算功能阶段、启蒙教育功能为主阶段、启智教育功能为主阶段。

(1) 单纯利用计算功能阶段

中国珠算历史悠久,已有三千余年的历史。珠算包括算具、算理、算法三个方面,它由一架设计巧妙的计算工具——珠算盘和一整套指导运算的原理、程序和方法所构成。珠算在历史上充分发挥了它的计算功能,在鉴定、比赛和珠算技能培训等方面取得了一定的成绩。20世纪80年代以来,由于计算机的广泛应用,导致珠算的计算功能退居次要位置,但珠算的计算功能并不能由计算机完全替代;至于珠算式心算,计算机更是望尘莫及。即便实行会计电算化,珠算也是不可或缺的辅助计算工具。

(2) 启蒙教育功能为主阶段

当今计算机和珠算凭借各自的优势在各自的领域里发挥着作用,所不同的是,计算机的特点是"暗箱操作",人们看不到它的运算过程,而珠算是"明箱操作",不仅可明显看出计算过程,而且孕育着巨大的启智功能,有益于开发儿童的智力和数学能力。珠算(算盘)和计算机"一明一暗"地发挥着各自的作用,可谓相辅相成、相得益彰。

(3) 启智教育功能为主阶段

珠算的启智教育功能在20世纪80年代末就基本在珠算圈里达成共识。珠心算教育的兴起更突显了这一特性。珠心算是将珠算转化在脑中的算珠映像,再按珠算原理进行计算,是"珠算"与"心算"结合的产物,可以增强脑力、开发智力,具有强大的启智教育功能。珠心算通过数字、图像的转化运算及各种器官的参与,有效地促进了儿童的智力发展。

(三)现代珠算的特点

现代珠算的特点主要有以下几点。

(1) 优化了算盘结构

上一下四珠菱形算盘的使用逐渐普遍,并趋向中、小型化。

(2) 改进了珠算方法

① 珠算加减法运用凑数和补数的组合与分解法。

② 乘法采用空盘乘法,除法多用商除法。

(3) 拓展了珠算功能

① 开发珠算的教育功能和启智功能,推广珠心算(原称脑珠算)教育实验教学,实现珠算与心算(脑算)的结合,形成易学高效的珠算式心算能力。

② 将珠算与计算机有机结合,实现珠算方法的程序化和模型化。

(四) 中国珠算协会的成立及开展的重大活动

1. 中国珠算协会的成立

1979年10月31日至11月5日,中国珠算协会成立大会在河北省秦皇岛市召开。会议通过《中国珠算协会章程》,选举第一届理事会理事67名、常务理事23名。这是我国珠算界有史以来第一个学术性、非营利性的全国性社会团体。中国珠算协会的成立为推进中国珠算事业的发展打下了坚实的基础。随后,全国各地相继成立了各级珠算协会。四十年来,各级珠算协会和广大珠算协会工作者、教育者和研究者精心致力于珠算事业,兢兢业业、开拓进取,取得了辉煌的业绩。

2. 中国珠算协会开展的重大活动

(1) 1979年6月26日,中国珠算协会筹委会出版《珠算》杂志,其中登载了周恩来总理于1972年10月14日会见美籍华人物理学家李政道博士的事迹。在这次会见中,周总理询问美国计算机运用情况,李政道在回答了总理的询问后说:"中国在计算机方面应该比谁都先进。中国的算盘是最古老的计算机。"周总理随后对身边的工作人员说:"要告诉下面不要把算盘丢掉,猴子吃桃子最危险。"

(2) 1981年9月12—15日,首届全国珠算技术比赛大会在山东济南举行。

(3) 1981年11月4—8日,首次珠算史研讨会在陕西省户县召开。

(4) 1982年7月21—23日,首届全国少数民族珠算技术比赛在吉林省延吉市举行。这是珠算史上的一次空前盛会。

(5) 1983年7月10—16日,中国珠算协会珠算鉴定比赛委员会在长春成立(原比赛委员会撤销)。会议讨论制定《全国珠算技术等级鉴定标准(草案)》,修订《全国珠算技术比赛办法》。

(6) 1985年9月17日,财政部颁发[85]财会字第60号文件,"同意将《全国珠算技术等级鉴定标准》作为考核会计人员珠算技术水平的试行标准",并规定:"自1986年7月1日起,凡担任会计员专业职务的人员,对其珠算技能的考核,达到该《标准》普通5级的,即为珠算技能合格。"

(7) 1986年2月5日,《珠算》杂志改名为《中国珠坛》。

(8) 1986年10月27—30日,中国珠算协会珠算教学研究会在上海成立,挂靠上海立信会计专科学校。

(9) 1987年4月18—23日,中国珠算协会竞赛委员会成立大会在浙江宁波召开。

(10) 1987年11月27日,中国珠算协会学生通信比赛委员会在南宁成立,挂靠山西省珠算协会。

(11) 1990年8月,中国珠算协会算理算法研究会编撰的《珠算学概论》出版。

二、珠算的国际化与非物质文化遗产申报

(一) 珠算的国际化

1. 珠算对世界的影响

从历史看,中国珠算在世界上产生了深远的影响。从16世纪(明代)起,珠算流传到日本、朝鲜、越南、泰国、南洋群岛等地。从20世纪60年代起,珠算先后传到美国、韩国、马来西亚、新加坡、巴西、墨西哥、加拿大、印度、汤加、坦桑尼亚等国家,对当地的科技发展和社会进步起到了积极的促进作用,产生了广泛深远的影响。

珠算在日本得到重视,"读书、写字、打算盘"成为日本国民基础教育的基本知识技能要求。早在20世纪50年代初,日本就建立了珠算组织。20世纪50年代也是日本"珠算鉴定、竞赛兴盛的年代"。同时,日本还经常派教师到世界各地传授珠算,对珠算的宣传和普及有很大的贡献。在日本珠算组织的宣传推动下,使电子计算机的故乡——美国也把珠算作为"新文化"引进。美国一些教育家从经验中认识到"使用计算器,只要一按电钮,不会乘法表也能得出答数,但是这在初等教育中是不适宜的,而毋宁说是明显有害的"。1977年8月,在加利福尼亚大学成立了美国珠算教育中心。

2. 珠算国际化取得的成就

(1) 国际珠算组织的成立

2002年10月28日至11月1日,世界珠算心算联合会在北京成立(简称世珠联),这是世界珠坛的一大盛事。出席这次大会的有澳大利亚、文莱、加拿大、印度、印度尼西亚、日本、韩国、马来西亚、新加坡、泰国、汤加、美国、委内瑞拉、中国和中国台湾、中国香港、中国澳门等17个国家和地区的代表和列席代表共计450人。这次大会是世界珠算心算发展史上具有重要意义的里程碑,给世界珠算心算事业带来更加光辉的前景!

这次大会的主要任务是:讨论通过世界珠算心算联合会章程,选举产生世界珠算心算联合会第一届理事会理事、常务理事、会长、副会长和秘书长;商讨第一届理事会的工作计划;观摩中国首届珠心算比赛和展示中国儿童珠心算开智成果。

世界珠算心算联合会把8月8日定为世界珠算日。

(2) 珠算教育的国际化

珠算是中华民族传统优秀文化中的瑰宝,也应当是各民族灿烂文化中的精华。珠算、珠心算现在已经发展为一种世界共同的"语言",用算盘上课,不分种族、肤色和语言,都能听懂,帮助儿童认数是个飞跃。20世纪80年代以来,日本、韩国、中国大陆、中国台湾地区的珠心算迅猛发展,全世界已有包括美国在内的三十几个国家和地区也在开展珠心算教育。

（3）珠算比赛的国际化

1996年10月8日,首届世界珠算大会在山东潍坊胜利召开,中国、日本、韩国、马来西亚、文莱、叙利亚、委内瑞拉和中国台湾等10个国家和地区的珠算团体的代表、列席代表和特邀来宾400余人出席会议。2004年8月14日,第一届世界珠心算大赛在上海浦东成功举办。2007年8月18日,第二届世界珠心算比赛和学术研讨会在深圳成功举办。2009年8月16日,第三届世界珠算心算联合会代表大会暨第三届世界珠心算比赛在天津举行。

（4）珠算学术交流的国际化

中国珠算协会十分重视海内外的学术理论研究和交流活动,不断开展珠算国际学术研究活动。

20世纪70年代中日建交后,日本全国珠算教育联盟连年派代表团来访,参观并向外介绍中国的三算结合教学,对于促成中国珠算协会的成立也起到了积极作用。1980年8月,由中国、日本、美国、巴西等国的珠算教育工作者联合签署的《国际珠算教育者会议宣言》指出：努力普及珠算,通过珠算为人类造福,是珠算教育工作者的神圣使命。这是中国与世界各国开展珠算学术交流活动的开始。

1990年8月10日,亚太地区珠算学术研讨会在北京科学会堂举行。这是第一次在中国举办珠算国际性会议。会议着重对珠算的教育、启智功能和珠算的社会地位、作用及其价值等问题进行了研讨,并就进一步开展亚太地区珠算学术交流活动交换意见。

1990年召开了亚太地区珠算学术交流会,1993年召开了黄山国际珠算学术理论研讨会,1996年在山东潍坊举办了首届世界珠算大会。

2003年7月《世界珠算心算联合会成立大会文集》由中国财经出版社出版。

（5）珠算交流的两岸互动

从1990年开始,开展每年一次的海峡两岸珠算交流活动,经双方商定,自1992年起每年联合举办一次海峡两岸珠算通信比赛。1992年5月24日,中国珠算协会举行首届海峡两岸珠算通信比赛。

（二）非物质文化遗产的成功申报

2008年6月14日,珠算(程大位珠算法、珠算文化)列入第二批"国家非物质文化遗产名录"。2013年12月4日,联合国教科文组织在阿塞拜疆首都巴库宣布正式批准"中国珠算"列入"人类非物质文化遗产名录"。

三、算盘的结构与种类

（一）算盘的结构

算盘的发明历史悠久,在长期的社会实践中,我国劳动人民创造出各种精美的算盘。各种算盘尽管在大小、形状上有些区别,但其基本结构不外由框、梁、档、珠四大部分组成。现在人们普遍使用经过改进后的算盘,它增加了计位点、清盘器、上下标数位和垫脚等装置,如图1-1所示。算盘的结构说明见表1-1。

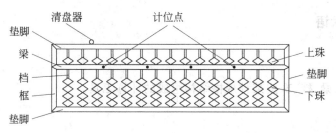

图 1-1

表 1-1

算盘的结构	概 念
框	指固定算盘的4个边框,也称为"边",有上、下、左、右框之分
梁	指连接算盘左右框之间的横杆,又称"横梁""中梁"。梁把算珠分为上珠和下珠
档	指通过梁并贯穿算珠的一根根小圆杆,使算珠只能上下移动。算盘中并列着多少根杆就称为多少档,每一档代表一个数位
珠	即算珠或算盘子,是指穿在算盘档上用以计数的珠子。梁上的算珠称为"上珠",一颗上珠表示"5";梁下的算珠称为"下珠",一颗下珠表示"1"
计位点	指在梁上的标记点,也称"分节点""定位点",用来定位和分节
清盘器	指安装在算盘横梁上使算珠离梁的装置
垫脚	指安装在算盘左右两边的底面使算盘底与桌面稳定的装置

（二）算盘的种类

算盘的种类见表 1-2。

表 1-2

序号	划分标准	算盘的种类
1	按适用范围分	教具算盘、普通算盘、工艺算盘
2	按珠形分	圆珠算盘、菱珠算盘、碟珠算盘
3	按算珠分布分	上二下五珠算盘、上一下五珠算盘、上一下四珠算盘
4	按材质分	木质算盘、金属算盘、塑料算盘、其他材质算盘
5	按算盘的尺寸分	有大到丈余可供十几人同时使用的"巨无霸"级算盘,也有小到不到一寸、算珠依然拨动自如的袖珍算盘
6	从算盘的制作材料看	有用花梨木、紫檀木、红檀木、六道木等各种优质木材制作的木质算盘,有用兽骨制作的骨质算盘,也有用象牙制作的象牙算盘,还有铜算盘、铁算盘,甚至有用金、银制作的极品金属算盘
7	从造型看	算盘的基本形状是以梁为界分为上下两部分的长方形,也有菱形、圆形、六角形等形状,甚至还有鱼形、八卦形等特殊造型
8	按算盘的档位分	算盘的档位一般是单数,七档、九档、十一档、十三档、十五档、十七档为较常见的档位
9	从算珠的形状看	传统的基本形状是鼓形,也有球形、饼形等特殊形状,经过改良后现代算珠基本形状为菱形

四、珠算常用术语

1. 算盘

算盘是由框、梁、档、珠按某种规格结构组成的计算工具。

2. 空盘

算珠全部离梁,空盘表示没有计数。

3. 清盘

清盘是将算珠离梁靠上、下框,形成空盘的过程。

4. 梁珠

梁珠是指靠梁的算珠,也称内珠、实珠,表示正数。

5. 框珠

框珠是指靠框的算珠,也称外珠、虚珠,表示负数。

6. 二元示数

二元示数是指算珠靠梁为加、离梁为减,即梁珠和框珠分别表示的数。

7. 带珠

拨珠时把本档或邻档不该拨入或拨去的算珠带入或带出。

8. 漂珠

漂珠是拨珠时用力过轻不到位或过重反弹造成不靠框也不靠梁、漂浮在档中间的算珠。

9. 空档

没有算珠靠梁的档称为空档。在表示数值的档次中,空档表示的数是"零"。

10. 本档

本档是运算时应该拨珠的档,也称本位。

11. 前档

前档是本档左边的一档,也称前位。

12. 后档

后档是本档右边的一档,也称下位。

13. 压尾档

压尾档是在省略计算中的最后一档的数位。

14. 错档

错档是算珠未拨入应拨入的本档中。

15. 挨位

挨位是本档的左边第一档或右边第一档。

16. 隔位

隔位是本档的左边第二档或右边第二档。

17. 五升制

五升制是指满五时,用同位的一颗上珠。

18. 十进制

十进制是指满十时,向前档进一位。

19. 进位

进位是指本档满十向前档进一位。

20. 退位

退位是本档不够减时,前一档退一位,也称借位。

21. 首位

首位是一个数的最高位非零数字,也称首位数、首数或最高位。

22. 尾数

尾数是一个数的最低位数,包括含零的位数。

23. 计位点

计位点是指四位以上的整数,从后往前数每隔三位加一个分节号",",也称分节点。如16875,写成16,875。

24. 补数

两数之和是 10 的正整数次幂(如 10、100、1,000 等),则这两个数互为补数。某数是几位数,它的补数也是几位数。若补数的有效数字前面有空位,用"0"补齐。互为补数的各对应位,末位相加为 10,其余各位相加为 9。

25. 凑数

两数之和为 5,则这两个数互为凑数。

26. 实

实是指被乘数和被除数。

27. 法

法是指乘数和除数。

28. 估商

估商是指在除法中运用口诀或心算法估量、推断、求算商数的过程,也叫试商。

29. 确商

确商是运算后所得出的准确商数。

30. 调商

因估商不准而进行的退商或补商调整叫作调商。

31. 退商

在除法中,因估商过大而必须将商缩小叫作退商。

32. 补商

在除法中,因估商过小而必须将商增大叫作补商。

33. 初商

初商是指只经估商、未被确定为确商的商数。

34. 首商

首商是除法运算求出的第一个商数。依次类推,除法运算中求出的第二个商数叫作次商,以下叫作三商、四商……整个商数叫作"所求商"。

五、置数、拨珠要领、拨珠指法和握笔法

(一) 置数

置数也称布数,即把代表某数值的算珠拨靠梁。

算盘以珠表示数,以档表示位,位数的记法和笔算相同,高位在左、低位在右,遵循"五升十进制"。以个位档为参照,每左移一档,数值就扩大 10 倍;每右移一档,数值就缩小为原数的 1/10。

（二）拨珠要领

（1）手指必须有严格的分工，充分运用双手联拨运算。
（2）手指与盘面的高度、角度都应适度。
（3）通常按从左向右的顺序拨珠。拨珠应先后有序、有条不紊，不能先后颠倒、层次不分。
（4）看准算珠再拨，拨珠要到位。
（5）拨珠要顺畅自然，做到稳、准、快。

（三）拨珠指法

拨珠指法是指用手指拨动算珠的方法。拨珠指法分为单手拨珠法和双手拨珠法。单手拨珠法又有两指拨珠法和三指拨珠法，双手拨珠法又有三指拨珠法和四指拨珠法。拨珠指法的正确与否，直接影响计算的速度及其准确性。

1. 单手拨珠法

单手拨珠法是用左手握盘、右手拨珠的一种拨珠方法。相对于双手四指联拨法，单手拨珠法也称为传统拨珠法。单手拨珠法有三指和两指两种拨珠方法。

（1）三指拨珠法

三指拨珠法是指用右手的拇指、食指、中指拨珠，而无名指、小指向掌心自然弯曲的一种拨珠方法，其指法及分工见表 1-3。

表 1-3

手指	指 法	指法图	例 子
单指独拨	拇指：专拨下珠靠梁		① 123,433 + 221,011 = 344,444　② 243,342 + 101,102 = 344,444
	食指：专拨下珠离梁		① 342,342 − 321,321 = 21,021　② 321,442 − 220,231 = 101,211
	中指：专拨上珠靠梁与离梁		① 550,550 − 550,550 = 0　② 500,555 − 500,555 = 0
两指联拨	双合：拇指、中指在同一档或前后档同时拨珠靠梁		① 322,110 + 676,789 = 998,899　② 233,524 + 250,025 = 483,549

续表

手指	指 法	指法图	例 子	
两指联拨	双分：食指、中指在同一档或前后档同时拨珠离梁		① $\begin{array}{r}897,798\\-786,687\\\hline 111,111\end{array}$	② $\begin{array}{r}453,525\\-251,505\\\hline 202,020\end{array}$
	双上：拇指、中指在同一档或前后档同时向上拨珠		① $\begin{array}{r}567,865\\-123,432\\\hline 444,433\end{array}$	② $\begin{array}{r}162,738\\+50,505\\\hline 213,243\end{array}$
	双下：中指、食指在同一档或前后档同时向下拨珠		① $\begin{array}{r}432,321\\+123,234\\\hline 555,555\end{array}$	② $\begin{array}{r}134,324\\-55,555\\\hline 78,769\end{array}$
	扭进：拇指在前一档向上拨珠的同时，食指在后一档向下拨珠		① $\begin{array}{r}132,423\\+988,687\\\hline 1,121,110\end{array}$	② $\begin{array}{r}346,798\\+779,897\\\hline 1,126,695\end{array}$
	扭退：食指在前一档向下拨珠的同时，拇指在后一档向上拨珠		① $\begin{array}{r}167,325\\-78,987\\\hline 88,338\end{array}$	② $\begin{array}{r}325,718\\-97,989\\\hline 227,729\end{array}$
三指联拨	三指进：食指、中指同时在本档拨上、下珠离梁时，拇指在前一档拨下珠靠梁		① $\begin{array}{r}897,897\\+213,213\\\hline 1,111,110\end{array}$	② $\begin{array}{r}987,987\\+123,123\\\hline 1,111,110\end{array}$
	三指退：食指在前档拨下珠离梁时，拇指、中指同时在本档拨上、下珠靠梁		① $\begin{array}{r}101,101\\-42,323\\\hline 58,778\end{array}$	② $\begin{array}{r}401,221\\-32,432\\\hline 368,789\end{array}$

(2) 两指拨珠法

两指拨珠法是指用右手的拇指与食指相互配合进行拨珠，而中指、无名指和小指向掌心自然弯曲的一种拨珠方法，基本指法如下。

① 单指独拨
- 拇指：专拨下珠靠梁或离梁。
- 食指：专拨上珠靠梁或离梁，兼管部分下珠离梁。
- 中指：数位较多时，配合拇指、食指拨珠靠梁或离梁。

② 两指联拨
- 双合、双分：拇指、食指在同一档或前后档同时拨珠靠梁或离梁。
- 双上、双下：拇指、食指在同一档或前后档同时向上或向下拨珠。

- 扭进：拇指在前一档向上拨珠的同时，食指在后一档向下拨珠。
- 扭退：食指在前一档向下拨珠的同时，拇指在后一档向上拨珠。

2. 双手拨珠法

双手拨珠法又称双手四指联拨法，是双手同时拨珠，左手管高位计算，右手管低位计算的一种珠算新指法。珠心算要求采用双手拨珠法。双手四指拨珠分工如下：双手拇指专拨下珠靠梁或离梁；双手食指专拨上珠靠梁或离梁。左手拇指和食指负责高位运算，右手拇指与食指负责低位运算，既分工明确又密切合作。

（四）握笔法

握笔法是指拨珠握笔姿势。打算盘时，要握笔拨珠，随时写出计算结果。正确的握笔姿势有利于提高计算速度。常用的握笔法有三种，见表1-4。

表 1-4

握笔方法	握笔操作文字	握笔图片
食指、中指握笔法	笔杆以拇指、食指为依托，笔尖从食指、中指间穿出，用拇指、食指拨珠，其余三指向掌心蜷曲	
掌心握笔法	无名指和小指握住笔尖部分，笔杆从拇指和食指间穿出，使用拇指、食指和中指拨珠运算	
无名指、小指握笔法	笔尖从无名指和小指间穿出，笔杆从拇指和食指间穿出，使用拇指、食指和中指拨珠运算	

> **温馨提示：**
> 打算盘坐姿要求：面对桌而坐，身体要坐正，头稍低，腰挺直，右手手腕悬起，两脚踏地平放，上身与桌边保持5～10厘米的距离。

同步训练 指法练习

【训练目的】 通过本训练，帮助学生熟悉拨珠指法，达到熟能生巧的目的。
【训练用品】 算盘。

【训练内容】 指法配套练习。

【训练指导】 先练习三指指法,再练习二指指法。

一、单指独拨

(1) $\begin{array}{r}122,143\\+122,021\\\hline\end{array}$ (2) $\begin{array}{r}113,432\\+121,012\\\hline\end{array}$ (3) $\begin{array}{r}223,021\\+210,323\\\hline\end{array}$ (4) $\begin{array}{r}304,350\\+130,103\\\hline\end{array}$

(5) $\begin{array}{r}453,525\\-353,515\\\hline\end{array}$ (6) $\begin{array}{r}826,456\\-715,455\\\hline\end{array}$ (7) $\begin{array}{r}454,817\\-354,812\\\hline\end{array}$ (8) $\begin{array}{r}235,697\\-235,142\\\hline\end{array}$

二、两指联拨

(1) $\begin{array}{r}321,421\\+678,068\\\hline\end{array}$ (2) $\begin{array}{r}703,213\\+196,786\\\hline\end{array}$ (3) $\begin{array}{r}241,311\\+608,678\\\hline\end{array}$ (4) $\begin{array}{r}213,103\\+786,796\\\hline\end{array}$

(5) $\begin{array}{r}789,897\\-678,786\\\hline\end{array}$ (6) $\begin{array}{r}778,987\\-667,866\\\hline\end{array}$ (7) $\begin{array}{r}889,977\\-788,866\\\hline\end{array}$ (8) $\begin{array}{r}887,989\\-676,867\\\hline\end{array}$

(9) $\begin{array}{r}525,453\\-505,251\\\hline\end{array}$ (10) $\begin{array}{r}728,364\\-152,505\\\hline\end{array}$ (11) $\begin{array}{r}729,483\\-515,251\\\hline\end{array}$ (12) $\begin{array}{r}795,864\\-535,250\\\hline\end{array}$

(13) $\begin{array}{r}865,567\\-423,134\\\hline\end{array}$ (14) $\begin{array}{r}677,556\\-343,434\\\hline\end{array}$ (15) $\begin{array}{r}857,758\\-314,423\\\hline\end{array}$ (16) $\begin{array}{r}567,876\\-432,234\\\hline\end{array}$

(17) $\begin{array}{r}404,142\\-51,525\\\hline\end{array}$ (18) $\begin{array}{r}343,043\\-151,525\\\hline\end{array}$ (19) $\begin{array}{r}634,213\\-50,505\\\hline\end{array}$ (20) $\begin{array}{r}443,321\\-25,151\\\hline\end{array}$

(21) $\begin{array}{r}698,578\\-98,078\\\hline\end{array}$ (22) $\begin{array}{r}869,867\\-809,605\\\hline\end{array}$ (23) $\begin{array}{r}867,857\\-807,807\\\hline\end{array}$ (24) $\begin{array}{r}686,785\\-656,780\\\hline\end{array}$

(25) $\begin{array}{r}423,132\\+687,988\\\hline\end{array}$ (26) $\begin{array}{r}434,343\\+676,767\\\hline\end{array}$ (27) $\begin{array}{r}869,674\\+796,986\\\hline\end{array}$ (28) $\begin{array}{r}789,346\\+897,779\\\hline\end{array}$

(29) $\begin{array}{r}112,102\\-79,886\\\hline\end{array}$ (30) $\begin{array}{r}325,718\\-97,989\\\hline\end{array}$ (31) $\begin{array}{r}457,325\\-78,987\\\hline\end{array}$ (32) $\begin{array}{r}867,548\\-78,609\\\hline\end{array}$

三、三指联拨

(1) $\begin{array}{r}867,967\\+243,143\\\hline\end{array}$ (2) $\begin{array}{r}897,987\\+213,123\\\hline\end{array}$ (3) $\begin{array}{r}789,687\\+321,423\\\hline\end{array}$ (4) $\begin{array}{r}766,769\\+341,341\\\hline\end{array}$

(5) $\begin{array}{r}967,687\\+143,423\\\hline\end{array}$ (6) $\begin{array}{r}798,768\\+312,443\\\hline\end{array}$ (7) $\begin{array}{r}987,789\\+334,321\\\hline\end{array}$ (8) $\begin{array}{r}968,678\\+142,432\\\hline\end{array}$

技能2 珠算加减法

技能要求

☑ 了解加减法的运算顺序及规则。

☑ 熟悉加减法口诀。

☑ 掌握有诀加减算法。
☑ 掌握无诀加减算法。
☑ 掌握加减法的简便算法。

一、珠算加减法原理

把两个或两个以上的数合并成一个数的运算叫加法,相加的结果叫"和"。从已知一个数中减去一个或一个以上的数的运算叫减法,相减的结果叫"差"。减法是加法的逆运算。

珠算加减法是学习珠算的基础,也是学习珠算乘除法的基础。因为,珠算乘除法不论用什么方法运算,都是每一相应档位的加减。

二、加减法的运算顺序与规则

珠算加减法的运算顺序一般是从左到右,由高位算起,运算时首先确定个位档,然后按相同的数位加减,即"同位相加,同位相减"的原则进行。

(一)加法的运算顺序与规则

加法通常按照以下规则进行运算:①固定个位,在算盘中确定个位档;②将被加数从高位到低位依次拨入算盘,且个位数与算盘中个位档对准;③对准数位,将加数从高位到低位进行同位数相加,按照"五升十进制"的原则计算出得数。

(二)减法的运算顺序与规则

减法通常按照以下规则进行运算:①固定个位,在算盘中确定个位档;②将被减数从高位到低位依次拨入算盘,且个位数与算盘中个位档对准;③对准数位,将减数从高位到低位进行同位数相减,计算出得数。

> 温馨提示:
> 学习珠算加减法的要领可以概括为:指法正确,分节看数,数位对齐,持笔握盘,拨珠匀速,准快合一,运算流畅,答案抄对。

三、珠算加法

(一)珠算加法有诀算法

加法有诀算法是相对无诀算法而言。有诀是指用口诀指导加法运算的一种方式。根据"五升十进制"的规律,常用的口诀有以下两种。

1. 传统加法口诀

传统加法口诀均为26句,如表1-5所示。

表 1-5

分 类	口 诀	三指指法	两指指法	例 子
直接加法	一上一	用拇指将下珠拨靠梁	用拇指将下珠拨靠梁	① 12,551 +31,233 / 43,784
	二上二			
	三上三			
	四上四			
	五上五	用中指将上珠拨靠梁	用食指将上珠拨靠梁	② 40,136 +59,612 / 99,748
	六上六	用拇指和中指同时将上下珠拨靠梁	用拇指和食指同时将上下珠拨靠梁	
	七上七			
	八上八			
	九上九			
补五加法也叫凑五加法	一下五去四	用中指将上珠靠梁，同时用食指将靠梁的下珠拨去	用食指将上珠靠梁，同时用拇指将靠梁的下珠拨去	③ 24,312 +43,345 / 67,657
	二下五去三			
	三下五去二			
	四下五去一			
进位加法	一去九进一	用中指和食指将靠梁的算珠拨去，同时用拇指在其左一档拨一颗下珠靠梁	用拇指和食指将靠梁的算珠拨去，同时用拇指在其左一档拨一颗下珠靠梁	④ 83,206 +89,929 / 173,135
	二去八进一			
	三去七进一			
	四去六进一			
	五去五进一	用中指将靠梁的算珠拨去，同时用拇指在其左一档拨一颗下珠靠梁	用食指将靠梁的算珠拨去，同时用拇指在其左一档拨一颗下珠靠梁	⑤ 24,869 +96,557 / 121,426
	六去四进一	用食指拨去下珠，同时用拇指在其左一档拨一颗下珠靠梁(扭进)	用食指拨去下珠，同时用拇指在其左一档拨一颗下珠靠梁(扭进)	⑥ 42,356 +70,859 / 113,215
	七去三进一			
	八去二进一			
	九去一进一			
破五进位加法	六上一去五进一	用拇指拨下珠靠梁，同时用中指将上珠拨离梁，再用拇指在其左一档拨一颗下珠靠梁	用拇指拨下珠靠梁，同时用食指将上珠拨离梁，再用拇指在其左一档拨一颗下珠靠梁	⑦ 45,678 +65,566 / 111,244
	七上二去五进一			
	八上三去五进一			⑧ 6,565 +7,688 / 14,253
	九上四去五进一			

备注：(1) 每句口诀的第一个字代表要加的数，后面的字表示拨珠运算的过程。
(2) "上几"表示拨珠靠梁。
(3) "去几"表示拨珠离梁。
(4) "下五"表示拨上珠靠梁。
(5) "进一"表示本档相加满十，必须向前一档拨动一珠靠梁。

2. 加法现代口诀表

加法现代口诀表如表 1-6 所示。

表 1-6

不进位加法		进位加法	
直接加	凑五加	进十加	破五进十加
一上一	一下九	一分九进一	
二上二	二下八	二分八进一	
三上三	三下七	三分七进一	
四上四	四下六	四分六进一	
五下五		五上十五	
六合六		六下四进一	六上十六
七合七		七下三进一	七上十七
八合八		八下二进一	八上十八
九合九		九下一进一	九上十九

备注：(1) 每句口诀的第一个字代表要加的数，后面的字表示拨珠运算的过程。
(2) 口诀中的"合"是指拨珠指法，即拇指与食指同时拨上下珠离框靠梁。
(3) 口诀中的"分"是指拨珠指法，即拇指与食指同时拨上下珠离框靠梁。

（二）无口诀加法

无口诀加法的关键是要熟练掌握珠算运算中两种数的构成，学会数的组合与分解，即凑数、补数的方法。数的构成如表 1-7 所示。

表 1-7

数的构成	组 合
凑数(5)	5/1 4 5/2 3
补数(10)	10/1 9 10/2 8 10/3 7 10/4 6 10/5 5

珠算无口诀加法的要点是：加看框珠，够加直加；下加不够，加五减凑；本档满十，进一减补。具体包括三种方法，如表 1-8 所示。

表 1-8

分类	拨珠规律	算式表达	运算步骤及举例
直接加法	"加看外珠，够加直加"。两数相加时，被加数拨入盘后，如果框珠大于或等于加数且下珠够加，就直接拨珠加上加数		例：521+467=988 ① 固定个位档（一般把右起第一个计位点作为小数点），把被加数 521 拨入盘，从高位开始拨珠靠珠梁。 ② 从左至右对准数位，把加数 467 拨珠入盘，外珠够加直加。

分类	拨珠规律	算式表达	运算步骤及举例
满五加法	"下加不够,加五减凑"。两数相加时,被加数拨入盘后,如果梁珠大于或等于加数且下珠不够加,本档下珠不够用,必须拨下一个上珠,将多加的数从靠梁的下珠中减去,即减去加数的凑数	+1＝+5－4 +2＝+5－3 +3＝+5－2 +4＝+5－1	例:4,344+1,413=5,757 ① 固定个位档,把被加数4,344拨入盘,从高位开始拨珠靠梁。 ② 从左至右对准数位,利用凑五加规律把加数1,413拨珠入盘,得5,757。
进位加法	"本档满十,进一减补"。两数相加时,被加数拨入盘后,如果框珠小于加数(即本档满十),则必须进位,将进位多加的数减去,即减去加数的补数	+1＝+10－9 +2＝+10－8 +3＝+10－7 +4＝+10－6 +5＝+10－5 +6＝+10－4 +7＝+10－3 +8＝+10－2 +9＝+10－1	例:3,658+917=4,575 ① 固定个位档,把被加数3,658拨入盘,从高位开始拨珠靠梁。 ② 从左至右对准数位,利用进位加规律把加数917拨珠入盘,得4,575。

(三)连加法

连加法就是将3个以上的数连续相加,求出总和的一种计算方法。它的运算性质和运算顺序均与两个数的加法相同。运算时,先将第一、第二两个数相加,求出它们的和,然后依次加上第三个加数、第四个加数……直至求出总和。

四、珠算减法

(一)珠算减法口诀

1. 传统减法口诀

传统减法口诀如表1-9所示。

表 1-9

分 类	口 诀	三指指法	两指指法	例 子
直接减法	一下一	用食指将靠梁的下珠拨去	用拇指或食指将靠梁的下珠拨去	① 36,847 −31,625 5,222
	二下二			
	三下三			
	四下四			
	五下五	用中指将上珠拨离梁	用食指将上珠拨离梁	② 65,758 −15,557 50,201
	六下六	用中指和食指将靠梁的上下珠拨离梁	用食指和拇指将靠梁的上下珠拨离梁	③ 59,889 −56,789 3,100
	七下七			
	八下八			
	九下九			
破五减法	一上四去五	用拇指将下珠拨靠梁,同时用中指将靠梁的上珠拨离梁	用拇指将下珠拨靠梁,同时用食指将靠梁的上珠拨离梁	④ 7,568 −3,224 4,344
	二上三去五			
	三上二去五			
	四上一去五			
退十减法	一退一还九	用食指将左档靠梁的下珠拨离梁,同时用拇指和中指将右一档上下珠拨靠梁	用拇指将左档靠梁的下珠拨离梁,同时用食指将右一档上下珠拨靠梁	⑤ 10,101 −3,214 6,887
	二退一还八			
	三退一还七			
	四退一还六			
	五退一还五	用食指将左档靠梁的下珠拨离梁,同时用中指将其右档上珠拨靠梁	用拇指将左档靠梁的下珠拨离梁,同时用食指将其右档上珠拨靠梁	⑥ 12,401 −5,050 7,351
	六退一还四	用食指将左档靠梁的下珠拨离梁,同时用拇指将其右一档下珠拨靠梁(扭退)	用食指将左档靠梁的下珠拨离梁,同时用拇指将其右一档下珠拨靠梁(扭退)	⑦ 11,110 −9,876 1,234
	七退一还三			
	八退一还二			
	九退一还一			
退十补五减法	六退一还五去一	用食指拨一颗下珠靠边,在其右档上用中指拨上珠靠梁,同时用食指拨下珠离梁		⑧ 15,431 −9,876 5,555
	七退一还五去二			
	八退一还五去三			
	九退一还五去四			⑨ 4,132 −3,687 445

备注:(1) 每句口诀的第一个字代表要减的数,后面的字表示拨珠运算的过程。
(2) "上几"表示拨珠靠梁。
(3) "去几"表示拨珠离梁。
(4) "退一"表示拨珠离梁,前档退一,下档还十。
(5) "还几"表示在前一档退一当十,把减去减数后的差数加在本档上。

2. 减法现代口诀表

减法现代口诀如表 1-10 所示。

表 1-10

不借位减法		借 位 减 法	
直接减法	破五减法	退十减法	退十凑五减法
一下一	一上九	一退一合九	
二下二	二上八	二退一合八	
三下三	三上七	三退一合七	
四下四	四上六	四退一合六	
五上五		五下十五	
六分六		六退一上四	六下十六
七分七		七退一上三	七下十七
八分八		八退一上二	八下十八
九分九		九退一上一	九下十九

备注：(1) 每句口诀的第一个字代表要加的数，后面的字表示拨珠运算的过程。
(2) 口诀中的"分"是指拨珠指法，即拇指与食指同时拨上下珠离梁靠框。

(二) 无口诀减法

无口诀减法的运算如表 1-11 所示。

表 1-11

类别	拨珠规律	运算步骤及举例
直减法	"减看梁珠，够减直减"。两数相减时，被减数拨入盘后，如果梁珠大于或等于减数且下珠够减，就直接拨珠减去减数	例：4,697－3,562＝1,135 ① 固定个位档，把被减数 4,697 拨珠入盘，从高位开始拨珠靠珠梁。 ② 从左至右对准数位，把减数 3,562 从内珠中减去，内珠够减直减。

续表

类别	拨珠规律	运算步骤及举例
破五减法	"下减不够,减五加凑"。两数相减时,被减数拨入盘后,如果梁珠大于或等于减数且下珠不够减,本档下珠不够用,必须拨去一个梁珠,将多减的数从离梁的下珠中加上,即加上减数的凑数。 算式表达: $-1=+4-5$ $-2=+3-5$ $-3=+2-5$ $-4=+1-5$	例：785－443＝342 ① 固定个位档,把被减数 785 拨入盘,从高位开始拨珠靠梁。 ② 从左至右对准数位,利用破五减法规律把减数 443 从 785 中减去,得 342。
退位减法	"本档不够,退一加补"。两数相减时,被减数拨入盘后,如果梁珠小于减数,则必须从前档退一,将退位多减的数加上,即加上减数的补数。 算式表达: $-1=-10+9$ $-2=-10+8$ $-3=-10+7$ $-4=-10+6$ $-5=-10+5$ $-6=-10+4$ $-7=-10+3$ $-8=-10+2$ $-9=-10+1$	例：22,716－8,937＝13,779 ① 定个位档,把被减数 22,716 拨入盘,从高位开始拨珠靠梁。 ② 从左至右对准数位,利用退位减规律把减数 8,937 拨珠入盘,得 13,779。

（三）隔档借位减法

在减法运算中,遇到不够减时,向左一档借位,当左一档再不够借时,需继续往前借,直到借到为止,以下通过举例介绍隔档借位减,如表 1-12 所示。

（四）连减法

连减法就是连续减去两个以上的数求差的一种计算方法。它的运算性质和运算顺序均与两个数的减法相同。运算时,先将第一和第二两个数相减,求出它们的差,然后再用差依次减去第三个减数、第四个减数……直至求出最后的差。

五、加减混合算法

加减混合计算题,如果是竖式的,只有减数才标有减号"－",而加数的符号"＋"省略。其算法有以下两种。

表 1-12

隔档借位类型	运算规律	举例
隔一档借	当不够减时,向前借,隔几档借,就还几九,然后在不够减的该档加上减数的补数	例：3,578－2,587＝991 运算步骤： ① 固定个位档,把被减数 3,578 拨入盘,从高位开始拨珠靠梁。 ② 从左至右对准数位,利用退位减规律把减数 2,587 从 3,578 中减去,得 991。
隔二档借		习题：6,897－4,898＝
隔三档借		习题：961,573－26,804－734,771＝
隔四档借		习题：352,174－18,093－234,083＝

（一）逐笔计算

逐笔计算的方法是按各个数的顺序依次逐笔计算。这种算法要注意看清、记准数字前面的符号,否则容易出现差错。

（二）归类计算

归类计算的方法一般是先用加法把所有的加数算完,然后才用减法按顺序减去各个减数。这种算法的思路单一,因此准确率较高,但速度较慢。

六、加减法的简便算法

（一）灵活运用加法运算律

加法的运算遵循交换律和结合律,若干个数相加,交换被加数与加数的位置,或者将其中几个数结合起来相加,其和不变。因此,采用交换律和结合律能够有效减少拨珠的次数,实现简便运算。

（二）补数加减法

1. 补数加法

在珠算加法运算中,当加数接近 10 或 10 的正整数次幂时,利用补数的关系进行运算可以提高计算速度。

2. 补数减法

在珠算减法运算中,当减数接近 10 或 10 的正整数次幂时,利用补数的关系进行运算,可以提高计算速度。

(三) 倒减法

倒减法又称借减法,是指在加减运算中,遇到被减数小于减数不够减时,利用虚借 1 的方法,加大被减数继续运算。其运算方法有以下三种。

1. 够还借数的算法

被减数小于减数不够减时,就在不够减的前一档虚借"1"(即加上"1")来减,一直运算下去。如果发现够还借数,就及时偿还所借的数,在哪一档借就在哪一档还,其结果是盘上数,为正数。

例:$647-824+537=360$

运算步骤:

(1) 把 647 拨入算盘。

(2) 减 824,不够减,在千位档借 1,盘上数变成 1,647。

(3) 减去 824,余 823。

(4) 加上 537,得 1,360。

(5) 归还借数 1,000,得出答案 360。

即:$647-824+537=647+1,000-824+537-1,000=360$

2. 不够还借数的算法

经过倒减,算到最后,如果盘上数不够偿还所借数,结果为负数,就是框珠数。这就是上一下四珠算盘特有的"二元示数"功能。

例:$3,678-9,543+157=-5,708$

运算步骤:

(1) 把 3,678 拨入算盘。

(2) 减 9,543,不够减,在万位档借 1,盘上数变成 13,678。

(3) 减去 9,543,余 4,135。

(4) 加上 157,得 4,292。

(5) 归还借数 10,000,不够减,从盘上读出不靠梁的珠的数值为 5,707,在尾位加上 1,就是答案 -5,708。

即:$3,678+10,000-9,543+157-10,000=-5,708$

3. 借数未还又借新数的算法

在运算过程中,借数未还又借新数时,应在原借档的前档再虚借 1,及时偿还原先借的数后继续运算,即借大还小。

例:$234-826+113-500-84=-1,063$

运算步骤：

(1) 把 234 拨入算盘。

(2) 减 826，不够减，在千位档借 1，盘上数变成 1,234。

(3) 减去 826，余 408。

(4) 加上 113，得 521。

(5) 减 500，余 21。

(6) 减 84，不够减，在万位档借 1，盘上数变成 10,021。

(7) 减 84，余 9,937。

(8) 归还借数 1,000，得 8,973。

(9) 归还借数 10,000，不够减，从盘上读出不靠梁的珠的数值为 1,062，在尾位加上 1，就是答案—1,063。

即：234＋1,000－826＋113－500＋10,000－84－1,000－10,000＝－1,063

（四）穿梭法

穿梭法又称来回运算法，是指在珠算加减法中，单笔从左到右计算，双笔从右到左运算，直至算完为止的运算方法。

（五）一目多行算法

一目多行算法常用的有一目两行算法和一目三行算法。

1. 一目两行加法

逐位心算两行的同位数之和，并将和数拨上算盘。

2. 一目三行加法

运算方法与一目两行加法基本相同，只是一目三行加法多增加了一行，难度稍大。心算是学好一目三行珠算法的基础，心算能力的强弱直接影响计算速度。心算方法常见的有以下几种。

(1) 顺序算法：按数字的先后顺序计算。

(2) 凑十算法：三个数相加，若其中有两个数相加的和恰好是 10，就先心算这两个数之和，然后加上另一个数。

如：6＋7＋4＝17　　8＋9＋2＝19　　3＋5＋7＝15

(3) 三个相同数的算法：用 3 乘以相同数，即得和数。

如：6＋6＋6＝3×6

(4) 三个数相加，有两个数相同的算法：用 2 乘以相同数，再加上另一个数，即得和数。

如：6＋3＋6＝2×6＋3

(5) 等差数列的算法：在相加的三个数中，如果它们构成等差数列，用 3 乘以中数（中位数），即得和数。

如：5＋6＋7＝3×6　　9＋6＋3＝3×6　　5＋7＋9＝3×7

(6) 接近等差数列的算法。在相加的三个数中，如果其中有某一个数比等差数列的对应数多1或者少1,则用3乘以中数,再加1或者减1,即得和数。

例:

$$
\begin{array}{r}
6,772\\
5,934\\
+7,762\\
\hline
18\\
23\\
16\\
8\\
\hline
20,468
\end{array}
$$

说明:

(1) 千位上的数按6、5、7看成是一个等差数列,和数是6×3=18。
(2) 百位上的三个数7×2+9=23。
(3) 十位上的数按凑整法计算,即(7+3)+6=16。
(4) 个位数上的三个数之和一看知道是8。

3. 一目三行弃九法

一目三行弃九法的计算方法是:前进一,中弃九,尾弃十;前不满九,直加余数;中途多几加几,差几减几;尾不满十,前退一加余数。

一目三行弃九法既可以减少拨珠次数,还可以减少心算量,适合纯加题运算,结合穿梭运算效果更好,是一种提前进位法,如图1-2所示。

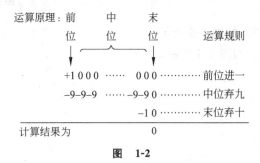

图 1-2

上述结果说明:"高位算起,前位进一;中位弃九,末位弃十。"并不影响计算结果的正确性,其目的是减少拨珠(进位)动作,加快计算速度。

运算规则说明如下。

(1) 高位算起,前位进一。"高位算起"是指运算时从高位开始;"前位进一"是指在前位上提前进一。"前位"不一定是最高位,它需在运算中临时确定,一般以题中三笔同位数字之和来确定。以三笔同位数字之和最先满九或超几的那一位的前一位为"前位"。

(2) 中位弃九,末位弃十。"中位"的确定:"前位"之后至"末位"之前的档位,均为"中位"。"末位"的确定:最后一位(其和必须为非0数)为"末位"。"中位弃九"是指各个中位均减去一个9不作计算。"末位弃十"是指末位减去一个10不作计算。

(3) 够弃加余,欠弃减差。"够弃加余"是指当三笔同位数字中有凑9(10)数时,则从题中弃去9(10),余下的数则在相应档次加上。"欠弃减差"是指当三笔同位数字之和不满

9(10)时,则在相应档次上减去此数与 9(10) 的差数。

此种算法是在连加计算中按一目三行弃九法计算原理所进行的一种加法计算。其运算图如图 1-3 所示。

① 先求前三笔数之和,如图 1-4 所示。

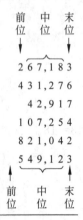

盘示数为 7 4 1, 3 7 6

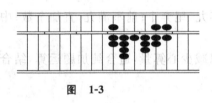

图 1-3

图 1-4

② 再求后三笔数之和,如图 1-5 所示。

盘示数为 2,218,795,如图 1-6 所示。

图 1-5

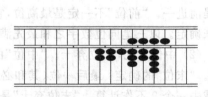

图 1-6

4. 一目三行加减混合算法

一目三行加减混合算法的计算方法是：正负相抵，余几加几，差几减几，即各行同位数的正负数相抵后，如果是正数，在算盘上加上；如果是负数，在算盘上减去。

例：
$$\begin{array}{r} 668,373 \\ +231,489 \\ -431,576 \\ \hline 468,286 \end{array}$$

先将第一行 668,373 拨入算盘，再将第二行和第三行用正负数抵消法应加即加，应减即减。所以，十万位减 2(＋2－4 相抵后为－2)，万位减 0，千位加 0，百位减 1，十位加 1，个位加 3，其和是 468,286。

> **温馨提示：**
> 加减法练习应注意：①以准为主，准中求快；②分节看数，分节拨珠；③反复练习，逐步提高计算技能。

同步训练 1 加 法

【训练目的】 通过本训练，帮助学生了解加法的运算顺序及规则，熟悉加法口诀，掌握有诀加法和无诀加法。

【训练用品】 算盘。

【训练内容】 加法配套练习。

【训练指导】

(1) 明确加法的运算顺序及规则。

(2) 指导学习者熟悉加法口诀，按有诀加法和无诀加法进行计算。

一、不进位加法练习

(1)	313,232 +125,215	(2)	761,552 +136,427	(3)	321,315 +113,162	(4)	215,512 +172,487
(5)	432,351 +151,628	(6)	515,635 +472,361	(7)	615,112 +321,231	(8)	312,556 +182,343
(9)	31,342 +24,433	(10)	132,234 +433,324	(11)	412,344 +43,334	(12)	232,324 +434,343
(13)	213,414 +443,342	(14)	243,234 +423,432	(15)	362,874 +424,123	(16)	226,421 +432,134

二、进位加法练习

(1)	83,206 +89,929	(2)	567,432 +548,988	(3)	798,798 +367,367	(4)	92,457 +89,658

(5) $\begin{array}{r}45,789\\+54,321\\\hline\end{array}$ (6) $\begin{array}{r}567,789\\+434,321\\\hline\end{array}$ (7) $\begin{array}{r}63,495\\+48,675\\\hline\end{array}$ (8) $\begin{array}{r}45,678\\+65,566\\\hline\end{array}$

(9) $\begin{array}{r}576,565\\+657,688\\\hline\end{array}$ (10) $\begin{array}{r}566,575\\+785,967\\\hline\end{array}$ (11) $\begin{array}{r}63,495\\+48,675\\\hline\end{array}$ (12) $\begin{array}{r}45,678\\+65,566\\\hline\end{array}$

(13) $\begin{array}{r}65,789\\+67,572\\\hline\end{array}$ (14) $\begin{array}{r}89,658\\+63,766\\\hline\end{array}$ (15) $\begin{array}{r}69,879\\+82,675\\\hline\end{array}$ (16) $\begin{array}{r}89,675\\+65,557\\\hline\end{array}$

同步训练2 减　　法

【训练目的】 通过本训练,帮助学生了解减法的运算顺序及规则,熟悉减法口诀,掌握有诀减法和无诀减法。

【训练用品】 算盘。

【训练内容】 减法配套练习。

【训练指导】

(1) 明确减法的运算顺序及规则。

(2) 指导学习者熟悉减法口诀,按有诀减法和无诀减法进行计算。

一、不借位减法

(1) $\begin{array}{r}87,923\\-57,212\\\hline\end{array}$ (2) $\begin{array}{r}98,675\\-82,550\\\hline\end{array}$ (3) $\begin{array}{r}45,763\\-25,651\\\hline\end{array}$ (4) $\begin{array}{r}65,728\\-15,527\\\hline\end{array}$

(5) $\begin{array}{r}86,798\\-15,233\\\hline\end{array}$ (6) $\begin{array}{r}98,765\\-65,233\\\hline\end{array}$ (7) $\begin{array}{r}56,789\\-34,567\\\hline\end{array}$ (8) $\begin{array}{r}85,867\\-21,215\\\hline\end{array}$

(9) $\begin{array}{r}689,543\\-347,231\\\hline\end{array}$ (10) $\begin{array}{r}786,555\\-432,323\\\hline\end{array}$ (11) $\begin{array}{r}67,956\\-34,012\\\hline\end{array}$ (12) $\begin{array}{r}55,667\\-21,543\\\hline\end{array}$

(13) $\begin{array}{r}68,556\\-33,433\\\hline\end{array}$ (14) $\begin{array}{r}46,587\\-23,244\\\hline\end{array}$ (15) $\begin{array}{r}68,945\\-34,742\\\hline\end{array}$ (16) $\begin{array}{r}67,856\\-34,432\\\hline\end{array}$

二、借位减法

(1) $\begin{array}{r}64,235\\-10,498\\\hline\end{array}$ (2) $\begin{array}{r}23,504\\-19,625\\\hline\end{array}$ (3) $\begin{array}{r}86,731\\-26,594\\\hline\end{array}$ (4) $\begin{array}{r}53,071\\-45,284\\\hline\end{array}$

(5) $\begin{array}{r}30,354\\-16,995\\\hline\end{array}$ (6) $\begin{array}{r}98,723\\-69,844\\\hline\end{array}$ (7) $\begin{array}{r}47,853\\-38,974\\\hline\end{array}$ (8) $\begin{array}{r}314,233\\-67,689\\\hline\end{array}$

(9) $\begin{array}{r}124,334\\-79,686\\\hline\end{array}$ (10) $\begin{array}{r}243,244\\-96,789\\\hline\end{array}$ (11) $\begin{array}{r}23,423\\-17,796\\\hline\end{array}$ (12) $\begin{array}{r}144,431\\-87,869\\\hline\end{array}$

(13) $\begin{array}{r}12,324\\-6,978\\\hline\end{array}$ (14) $\begin{array}{r}83,685\\-67,549\\\hline\end{array}$ (15) $\begin{array}{r}23,465\\-16,754\\\hline\end{array}$ (16) $\begin{array}{r}14,315\\-9,867\\\hline\end{array}$

三、隔档借位减法

(1) $\begin{array}{r} 256,897 \\ -156,998 \\ \hline \end{array}$ (2) $\begin{array}{r} 436,078 \\ -236,579 \\ \hline \end{array}$ (3) $\begin{array}{r} 734,972 \\ -535,978 \\ \hline \end{array}$ (4) $\begin{array}{r} 867,204 \\ -668,209 \\ \hline \end{array}$

(5) $\begin{array}{r} 30,578 \\ -20,587 \\ \hline \end{array}$ (6) $\begin{array}{r} 57,869 \\ -37,884 \\ \hline \end{array}$ (7) $\begin{array}{r} 40,032 \\ -20,039 \\ \hline \end{array}$ (8) $\begin{array}{r} 13,578 \\ -2,587 \\ \hline \end{array}$

同步训练3　加减法练习方法

【训练目的】　通过本训练，帮助学生通过简便的练习方法快速地掌握加减法，达到熟能生巧的目的。

【训练用品】　算盘。

【训练内容】　练习题。

【训练指导】　指导学习者采用提高速度的练习方法。

一、见子打子

见子打子是我国珠算的一种传统练习方法，主要是熟悉指法和掌握拨珠规律。可以练习三盘成、五盘成等，如先在算盘上拨上123,456,789，然后见子打子三遍、五遍，再在末位加9，其答数是987,654,321。

二、调头尾

在算盘上拨入 123,456,789，然后加上 987,654,321，再减去 123,456,789，变成 987,654,321。

三、连加法

连加 625，然后再连减。连加 16 次结果为 10,000。

四、打百子

在算盘拨入1，然后连续加上 2,3,4……100。答数为 5,050，再从答数中减去 1,2,3……100，结果是零。练习可分 6 个阶段进行，见表 1-13。

表　1-13

阶段	一	二	三	四	五	六
从 1 加至	24	36	44	66	77	100
和数	300	666	990	2,211	3,003	5,050

五、1 分钟内打定数

定数"1"连加 200 次，结果为 200。

定数"2"连加 190 次，结果为 380。

定数"3"连加 180 次，结果为 540。

定数"4"连加 130 次，结果为 520。

定数"5"连加 220 次，结果为 1,100。

定数"6"连加 150 次，结果为 900。

定数"7"连加 140 次,结果为 980。
定数"8"连加 130 次,结果为 1,040。
定数"9"连加 120 次,结果为 1,080。

同步训练 4　加减法综合练习

【训练目的】　通过本训练,帮助学生尽快提高计算速度,达到熟能生巧的目的。
【训练用品】　算盘。
【训练内容】　练习题。
【训练指导】　指导学习者采用正规的练习题练习。练习表见表 1-14～表 1-17。

表　1-14

一	二	三	四	五
6,897	907	8,549	7,698	5,682
354	586	602	−435	−710
210	423	9,713	201	489
389	5,018	602	−798	−567
5,674	796	834	3,650	234
321	4,321	9,527	−147	1,980
8,049	908	834	869	−467
671	6,742	5,106	−5,214	325
9,532	105	827	903	9,801
480	8,976	1,569	867	365
6,257	435	430	−4,253	−4,710
493	210	129	901	923
768	9,748	785	327	586
301	620	302	4,058	−4,207
295	815	816	791	138

表　1-15

六	七	八	九	十
9,704	789	5,948	478	9,768
623	621	127	1,293	−453
5,879	350	6,930	−670	120
136	689	754	589	4,859
240	4,357	812	−641	−672
8,951	102	6,039	2,530	503
247	6,974	587	−917	−2,198
605	835	413	683	640

续表

六	七	八	九	十
8,391	120	2,960	−2,041	5,987
746	4,968	834	879	−361
5,301	730	7,215	645	704
298	8,162	980	3,201	968
763	795	476	958	735
914	3,614	253	−2,367	−4,021
705	205	104	410	359

表 1-16

一	二	三	四	五
369	5,480	9,875	896	590
1,408	763	406	1,452	−173
729	9,521	3,128	−308	2,846
856	708	679	917	−790
703	3,246	453	−406	8,342
241	915	9,102	3,527	−510
859	2,836	867	−189	679
1,726	401	5,234	6,520	−8,453
403	8,769	807	431	120
8,697	153	4,126	798	678
452	240	359	456	4,395
3,901	897	270	−1,302	210
876	562	938	958	739
5,104	347	176	−3,712	−5,648
239	615	549	946	210

表 1-17

六	七	八	九	十
897	9,872	7,948	7,983	6,479
3,546	560	536	−216	−502
120	143	1,920	785	183
798	829	384	−604	−974
564	6,570	570	9,135	6,310
2,013	134	2,861	−820	−825
896	8,729	379	796	764
754	654	4,650	534	521
632	102	213	−2,081	−3,940
7,109	379	9,708	794	872

续表

六	七	八	九	十
485	6,580	645	−3,052	561
2,936	741	937	189	−8,490
578	9,205	841	746	675
6,413	843	356	5,128	1,239
205	679	210	390	504

技能3 珠算乘法

技能要求

☑ 了解乘法的种类。
☑ 了解乘法的运算顺序。
☑ 熟悉乘法口诀。
☑ 熟悉乘法的简便算法。
☑ 掌握珠算乘法的定位方法。
☑ 掌握常用的珠算乘法。

一、珠算乘法原理

（一）乘法的种类

珠算乘法是在加法的基础上根据乘法口诀进行的运算，求一个数的若干倍是多少的方法叫乘法，乘法是加法的简便运算。

珠算乘法与笔算乘法的原理相同，但乘的顺序有区别，加积的方法也不同，笔算是乘完各位数再加积数，珠算是边乘边加积数，乘完即得积数。其种类见表1-18。

表 1-18

序号	标 准	种 类
1	按适用范围	基本乘法和其他乘法
2	按乘算顺序	前乘法和后乘法
3	按积的位置	隔位乘法和不隔位乘法
4	按是否在盘上置数	置数乘法和空盘乘法

（二）乘法的运算顺序

乘法的运算顺序因采用的方法不同而略有差异，如果采用"前乘法"，运算从左到右，先从被乘数的最高位乘起，依次乘到最低位；如果采用"后乘法"，运算从右到左，先从被乘数的最低位乘起，依次乘到最高位。

(三)乘法口诀

乘法口诀是指导乘法运算的常用口诀。现今用的乘法口诀有两种：一种是表 1-19 所示中粗线以下 36 句，先读乘数或被乘数中较小的数，称为小九九口诀；另一种是表 1-19 中全表 81 句，称为大九九口诀。在珠算乘法计算中提倡采用大九九口诀。

表 1-19

	一	二	三	四	五	六	七	八	九
一	一一 01	一二 02	一三 03	一四 04	一五 05	一六 06	一七 07	一八 08	一九 09
二	二一 02	二二 04	二三 06	二四 08	二五 10	二六 12	二七 14	二八 16	二九 18
三	三一 03	三二 06	三三 09	三四 12	三五 15	三六 18	三七 21	三八 24	三九 27
四	四一 04	四二 08	四三 12	四四 16	四五 20	四六 24	四七 28	四八 32	四九 36
五	五一 05	五二 10	五三 15	五四 20	五五 25	五六 30	五七 35	五八 40	五九 45
六	六一 06	六二 12	六三 18	六四 24	六五 30	六六 36	六七 42	六八 48	六九 54
七	七一 07	七二 14	七三 21	七四 28	七五 35	七六 42	七七 49	七八 56	七九 63
八	八一 08	八二 16	八三 24	八四 32	八五 40	八六 48	八七 56	八八 64	八九 72
九	九一 09	九二 18	九三 27	九四 36	九五 45	九六 54	九七 63	九八 72	九九 81

表 1-19 中每句口诀均由 4 个数组成。第一个数代表乘数，第二个数代表被乘数。根据乘法的交换律，也可以第一个数代表被乘数，第二个数代表乘数。每句口诀的第三、第四个数代表积数，每句口诀的积数用两位数表示。

运用乘法口诀时应注意以下几点。

(1) 选用口诀的顺序要一致，不得来回颠倒乘数和被乘数的顺序。如乘数在前，被乘数在后，例如 3×5，"五三 15"，则在本题运算过程中，永远按照这个顺序。如果选用被乘数在前，乘数在后的顺序，例如 3×5，"三五 15"，也应在其运算过程中永远按照这个顺序。

(2) 遇 0 占一位。用算盘算乘法时，遇到口诀积数的十位数是 0 或个位数是 0 应占一个档位，口诀积数有"0"要读成"零"，这样可防止加错档次。

例：2×4 读成四二 08(四二零八)。

6×5 读成五六 30(五六三零)。

(3) 每句口诀都读成四个字，不要读成三个字或五个字。

例：7×8 读成八七五六，不要读成八七五十六。

9×3 读成三九二七，不要读成三九二十七。

(4) 读口诀时要默读，切忌读出声。

二、珠算乘法的定位方法

(一)乘法中的数

乘法中的数包括整数和小数。整数是正整数、零、负整数的统称。小数是指由整数部分、小数部分和小数点组成的数字。小数包括纯小数和带小数。纯小数是指整数部分是零的小数；带小数是指整数部分是非零的小数。

（二）数的位数

乘积的定位通常是以被乘数和乘数的位数为依据。数的位数共分为正位数、负位数和零位数三类。

1. 正位数

一个数有几位整数,就叫作正（＋）几位。

例：860——正三位（＋3 位）。

　　56,724——正五位（＋5 位）。

　　920,564.10——正六位（＋6 位）。

　　56.23——正二位（＋2 位）。

2. 负位数

一个纯小数,小数点后到第一个有效数字之间有几个"0",就叫作负（－）几位。

例：0.094,32——负一位（－1 位）。

　　0.005,623——负二位（－2 位）。

　　0.000,56——负三位（－3 位）。

3. 零位数

一个纯小数,小数点后到第一个有效数字之间没有零,就叫作零(0)位。

例：0.914,32、0.546、0.12、0.300,4。

4. 数的位数与盘上档位的对应

数的位数与盘上的档位具有一一对应的关系。其中,数的正一位对应个位档,依次向左递增,向右递减。

（三）积的定位方法

1. 固定个位法

固定个位法又称算前定位法,它是先在算盘上定出个位档,在计算乘法时,根据被乘数的位数（m）与乘数的位数（n）之和（即 $m+n$）来确定被乘数首位数的入盘档,见表 1-20。

表　1-20

盘上数位	十万位	万位	千位	百位	十位	个位	十分位	百分位	千分位	万分位
按被乘数与乘数之和确定被乘数首位应置入的档位	正六位档	正五位档	正四位档	正三位档	正二位档	正一位档	零位档	负一位档	负二位档	负三位档

如果二者位数的和（$m+n$）为 1,即为正一位,就将被乘数首位数置于既定的个位档上；如果位数和为 2,即为正二位,就将被乘数首位数置于个位档左边的十位档上；如果位数和为

0,即为零位,就将被乘数首位数置于个位档右边的十分位档上;如果位数和为-1,即为负一位,就将被乘数首位数置于个位档右边的百分位档上,其他依次类推。置数上盘进行运算后,盘上得数即为所求的积数。

2. 公式定位法

公式定位法又称算后定位法,该方法是先将积数的首位数与被乘数、乘数的首位数进行比较,然后以被乘数的位数(m)与乘数的位数(n)之和(即 $m+n$)为基准来确定积数的位数。具体包括以下三种情形。

(1) 积首小,位相加

积数首位数小于被乘数或乘数的首位数时,被乘数的位数与乘数的位数之和即为积数的位数。

即:积数的位数=$m+n$

例:42.5×34.6=1,470.50

(+2位)+(+2位)=4位

46,000×30=1,380,000

(+5位)+(+2位)=7位

(2) 积首大,加后减1

积数首位数大于被乘数或乘数的首位数时,被乘数的位数加上乘数的位数减去1,即为积数的位数。

即:积数的位数=$m+n-1$

例:25.30×21.10=533.83

(+2位)+(+2位)-1=3位

0.008,5×1,040=8.84

(-2位)+(+4位)-1=1位

(3) 首相等,比下位

如果积数、被乘数和乘数三者的首位数均相等时,就比较三者的第二位数;如果仍相等,就依次比较第三位数;依次类推,直至末位数。如果仍相等,则视同积数首位数大。

三、基本珠算乘法

(一) 空盘前乘法

空盘前乘法是指两数相乘时,运算前不用在盘上置数,而是依次用乘数的首位数至末位数去乘被乘数。这种方法的要点如下。

1. 确定起乘档

确定首次乘积十位数应拨入的档位,被乘数与乘数均不上盘。

2. 运算顺序

运算时要默记被乘数,眼看乘数。首先依次用乘数的首位数至末位数分别去乘被乘数的首位数;接着依次用乘数的首位数至末位数分别去乘被乘数的第二位数;依次类推,直至依次用乘数的首位数至末位数分别去乘被乘数的末位数,如图 1-7 所示。

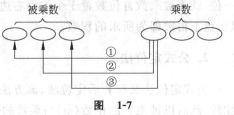

图 1-7

例:683×254 乘的顺序如下。

第一步:200×683(二六 12、二八 16、二三 06)。

第二步:50×683(五六 30、五八 40、五三 15)。

第三步:4×683(四六 24、四八 32、四三 12)。

3. 加积的档位

加积的档位采用以下两条规律。

(1)加积规律:"前档加积的十位数,后档加积的个位数"。

(2)前、后积规律:"上次乘积的个位档是本次乘积的十位数"。

如果利用固定个位法,用乘数的首位数去乘被乘数的首位数时,其积的十位数加在按照固定个位法计算的被乘数与乘数位数之和的档位上,积的个位数加在其十位数的右一档上;用乘数的第二位数去乘被乘数的首位数时,乘积的记数位置比首位数相乘相应右移一档,以后各位的乘积的记数位置依次右移。用乘数的首位数去乘被乘数的第二位数时,乘积的十位数加在按照固定个位法计算的被乘数与乘数位数之和的档位的右一档上,以后各位的乘积的记数位置依次右移;依次类推,乘数各位数去乘被乘数其他以后各位的乘积的记数位置依次右移。

如果利用公式定位法,首积的十位数加在起乘档上,个位数右移一档,乘数的第二位数及以后各位与固定个位法相同。

4. 乘积

利用固定个位法时,当用乘数乘完被乘数的末位数以后,反映在算盘上的数就是乘积;如果利用公式定位法,还需要根据定位公式确定积的位数。这种方法的优点是计算速度快,档次清楚,准确率高,不怕数位多。

例:658×276=181,608

第一步:乘数第一位数"2"×658。

用左手食指点在第一位数"2"的下方,并默记 2,眼看 658。

二六 12,二五 10,二八 16。

根据"前档加积的十位数,后档加积的个位数"及前后积规律:前个积数的个位档,加上后一次积数的十位数。乘完第一位数盘上数为 131,600,如图 1-8 所示。

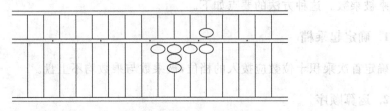

图 1-8

第二步：乘数第二位数"7"×658。

用左手食指点在第二位数"7"的下方，并默记7，眼看658。

七六42，七五35，七八56。

从起乘位的第二位开始加积，乘完第二位数盘上数为177,660，如图1-9所示。

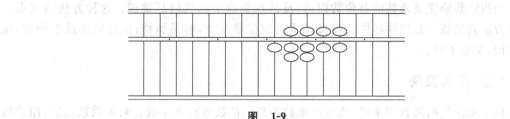

图 1-9

第三步：乘数第三位数"6"×658。

用左手食指点在第三位数"6"的下方，并默记6，眼看658。

六六36，六五30，六八48。

从起乘位的第三位开始加积，乘完第三位数盘上数为181,608，如图1-10所示。

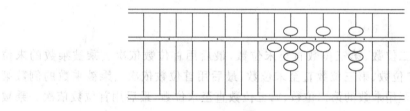

图 1-10

（二）掉尾乘法

掉尾乘法是指两数相乘时，依次用乘数的末位数至首位数去乘被乘数。这种方法的要点如下。

1. 置数

采用固定个位法时，确定被乘数首位数应拨入的档位，依次拨入被乘数，将乘数拨入算盘右边适当的位置。

2. 运算顺序

首先依次用乘数的末位数至首位数分别去乘被乘数的末位数；接着依次用乘数的末位数至首位数分别去乘被乘数的倒数第二位数；依次类推，直至依次用乘数的末位数至首位数分别去乘被乘数的首位数。

3. 加积的档位

每次运算时，用乘数的第几位数去乘被乘数，其积数的个位数就加在该被乘数本档的右边第几档上，积的十位数则相应加在其个位档的左一档上。当用乘数的首位数去乘被乘时,将被乘数本档算珠改变为其乘积的十位数。

特别需要说明的是,在运算过程中,如果满十不能进位时,只能默记,乘完后再补进。

4. 乘积

当用乘数乘完被乘数的首位数以后,反映在算盘上的数就是乘积。这种方法的优点是运算方法同笔算运算顺序相同。但掉尾乘法定位难度大,容易错档;运算顺序从右到左,很不方便,实效不佳。

(三) 留头乘法

留头乘法是指两数相乘时,依次用乘数的第二位数直至末位数去乘被乘数,最后用乘数的首位数去乘被乘数。这种方法的要点如下。

1. 置数

采用固定个位法时,确定被乘数首位数应拨入的档位,依次拨入被乘数,将乘数拨入算盘右边适当的位置。

2. 运算顺序

首先用乘数的第二位数、第三位数直至末位数,最后用首位数依次去乘被乘数的末位数;接着用乘数的第二位数、第三位数直至末位数,最后用首位数依次去乘被乘数的倒数第二位数;依次类推,直至用乘数的第二位数、第三位数直至末位数,最后用首位数依次去乘被乘数的首位数。

3. 加积的档位

每次运算时,用乘数的第几位数去乘被乘数,其积数的个位数就加在该被乘数本档右边第几档上,积的十位数则相应加在其个位档的左一档上。当用乘数的首位数去乘被乘数时,将被乘数本档算珠改变为其乘积的十位数。

特别需要说明的是,在运算过程中,如果满十不能进位时,只能默记,乘完后再补进。

4. 乘积

当用乘数乘完被乘数的首位数以后,反映在算盘上的数即为乘积。这种方法的优点是被乘数、乘数不用默记,比较直观,容易掌握。但留头乘法对乘数的取数码与读数顺序不一致,不能口念乘数进行运算,所以速度较慢。

(四) 破头乘法

破头乘法是指两数相乘时,依次用乘数的首位数至末位数去乘被乘数。这种方法的要点如下。

1. 置数

采用固定个位法时,确定被乘数首位数应拨入的档位,依次拨入被乘数,将乘数拨入算盘右边适当的位置。熟练之后，乘数可以默记，不用上盘。

2. 运算顺序

破头乘法的运算顺序与掉尾乘法相反。首先依次用乘数的首位数至末位数分别去乘被乘数的末位数；接着依次用乘数的首位数至末位数分别去乘被乘数的倒数第二位数；依次类推，直至依次用乘数的首位数至末位数分别去乘被乘数的首位数，如图 1-11 所示。

图 1-11

例：$246×357=87,822$

运算顺序：

(1) $6×357$（六三 18、六五 30、六七 42）。

(2) $40×357$（四三 12、四五 20、四七 28）。

(3) $200×357$（二三 06、二五 10、二七 14）。

3. 加积的档位

每次运算时，用乘数的第几位数去乘被乘数，其积数的个位数就加在该被乘数本档的右边第几档上，积的十位数则相应加在其个位档的左一档上。当用乘数的首位数去乘被乘数时，将被乘数本档算珠改变为其乘积的十位数。

在边乘边加积数时，要认准档次，以免加错档位，加积数的档次规律有两条。

(1) 对位规律：乘数是第几位数，积数的个位数就加在被乘数本档数右面第几档上。

(2) 前后积规律：同一位被乘数的运算中，前一次积数个位数的档位就是后一次积数的十位数档位。

初学者要充分运用这两条规律，并结合手指点档。即加前一次积数后，用右手食指点在加其积数个位的档位，在手指所点的档位加上后一次积数的十位数；如口诀的积数有 0（例：二五 10、二三 06）时，也应占一个档位。

简记：

点在前积个位档，加上后积十位数

4. 乘积

当用乘数乘完被乘数的首位数以后，反映在算盘上的数即为乘积。

需要注意的是，在运算过程中，被乘数本档的数因相乘去掉，所以必须默记。这种方法的优点是按乘数的自然顺序运算，从左到右拨珠，符合读数习惯，手拨乘积速度快。

例：$365×478=174,470$

(1) 采用公式定位法

从算盘左边第一档起拨上被乘数 365,如图 1-12 所示。相乘时,默记被乘数本档数,边乘边看算题的乘数,或者默记乘数。

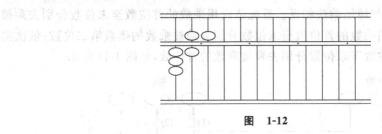

图 1-12

本题被乘数有三位数,分三步计算。

第一步:以被乘数个位数"5"乘以 478。

"五四 20":将本档数"5"改成积的十位数"2",下一档加个位数"0",右手食指点在加 0 的档位。

"五七 35":在食指所点的个位数"0"加上积的十位数"3",下一档加个位数"5",食指点在加 5 的档位。

"五八 40":在食指所点的个位数"5"加上积的十位数"4",下一档加个位数"0",得第一步积数 239,如图 1-13 所示。

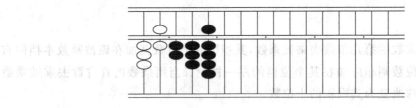

图 1-13

第二步:被乘数十位数"6"乘以 478。

"六四 24":将本档数"6"改成积的十位数"2",下一档加个位数"4",右手食指点在加 4 的档位。

"六七 42":在食指所点的档位加上积的十位数"4",下一档加个位数"2",食指点在加 2 的档位。

"六八 48":在食指所点的档位加上积的十位数"4",下一档加个位数"8",第一、二步得积数 31,070,如图 1-14 所示。

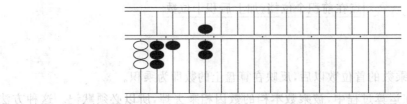

图 1-14

第三步：被乘数百位数"3"乘以"478"。

"三四12"：将本档数"3"改成积的十位数"1"，下一档加个位数"2"，右手食指点在加2的档位。

"三七21"：在食指所点的档位加上积的十位数"2"，下一档加个位数"1"，食指点在加1的档位。

"三八24"：在食指所点的档位加上积的十位数"2"，下一档加个位数"4"，经过上述三步得积数17,447，如图1-15所示。

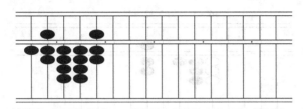

图 1-15

积数定位：首档有数位相加，3+3=6（位），定位后得答数174,470。

（2）采用算前定位法

定位：3+3=6（位），按正六位将被乘数365拨入算盘，如图1-16所示。相乘时，默记被乘数本档数，边乘边看算题的乘数，或者默记乘数。

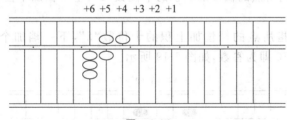

图 1-16

本题被乘数有三位数，分三步计算。

第一步：以被乘数个位数"5"乘以478。

"五四20"：将本档数"5"改成积的十位数"2"，下一档加个位数"0"，右手食指点在加0的档位。

"五七35"：在食指所点的个位数"0"加上积的十位数"3"，下一档加个位数"5"，食指点在加5的档位。

"五八40"：在食指所点的个位数"5"加上积的十位数"4"，下一档加个位数"0"，得第一步积数239，如图1-17所示。

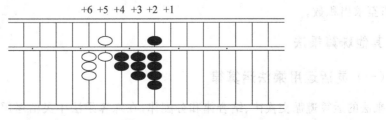

图 1-17

第二步:被乘数十位数"6"乘以478。

"六四24":将本档数"6"改成积的十位数"2",下一档加个位数"4",右手食指点在加4的档位。

"六七42":在食指所点的档位加上积的十位数"4",下一档加个位数"2",食指点在加2的档位。

"六八48":在食指所点的档位加上积的十位数"4",下一档加个位数"8",第一、二步得积数31,070,如图1-18所示。

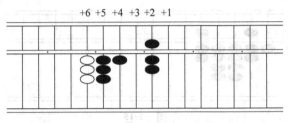

图 1-18

第三步:被乘数百位数"3"乘以"478"。

"三四12":将本档数"3"改成积的十位数"1",下一档加个位数"2",右手食指点在加2的档位。

"三七21":在食指所点的档位加上积的十位数"2",下一档加个位数"1",食指点在加1的档位。

"三八24":在食指所点的档位加上积的十位数"2",下一档加个位数"4",经过上述三步,盘上的数174,470即为答数,如图1-19所示。

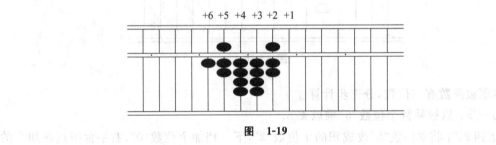

图 1-19

(五)连乘法

连乘法就是两个以上的数连续相乘,求出积数的一种计算方法。它的运算性质和运算顺序均与两个数的乘法相同。

运算时,先将第一、第二两个数相乘,求出它们的积,然后依次乘第三、第四个数,依次类推,直至求出积数。

四、其他珠算乘法

(一)灵活运用乘法运算律

乘法的运算遵循交换律、结合律和分配律,在珠算乘法中灵活运用乘法运算律,可适当减少运算过程和拨珠次数。

（二）倍数乘法

倍数乘法是指乘数是几，就在算盘上连续加几次被乘数的一种计算方法。倍数乘法运算时不用九九口诀，采用加一排数或减一排数的计算方法。它的优点是将乘法变为加减法运算，省略了口诀，提高了计算速度。

1. 层加法

当乘数是1、2、3时适用此法，即按照乘数连续加几次被乘数。

2. 折半法

当乘数是4、5、6时适用此法。乘数如果是5，则为被乘数一半的10倍；乘数如果是4，先按5计算，再减去一个被乘数；乘数如果是6，先按5计算，再加上一个被乘数。

3. 凑十法

当乘数是7、8、9时适用此法。如果乘数是7、8、9时，均先按10计算，然后从乘积中按照10减去乘数的差，连续减去几次被乘数。

（三）补数乘法

补数乘法是指凡两数相乘，其中有一个因数接近10的整数次幂时，可以把这个数先凑成10的乘方数或整数，利用齐数与补数的关系，用加、减和简单的乘代替繁乘。它的优点是将乘法转换为加减法和简单乘法，可以较快地计算出得数。

1. 补数加乘法

当乘数（或被乘数）接近10的整数次幂，而被乘数（或乘数）的各位数字均在5以上时，适合用补数加乘法。

2. 补数减乘法

当乘数（或被乘数）接近10的整数次幂，而被乘数（或乘数）的各位数字均在5以下时，适合用补数减乘法。

（四）省乘法

在实际工作和珠算竞赛中，有时遇到多位小数相乘，而答数要求保留的小数位数又较少时，就可运用省乘法。即在运算过程中，按照一定规则，截掉那些对答数没有影响或影响甚微的部分积数。这样，既大大减少了拨珠动作，又能得到比较准确的答数。省乘法不止一种，这里只介绍一种简便易学的结合算前定位的省乘法。

1. 省乘法的概念

省乘法是根据近似计算的原理，在做小数乘法时，把计算截止在不影响精确度的档次，把没有作用的计算步骤省略,不去计算,达到提高计算效率又不影响精确度的目的。

2. 省乘法的方法和步骤

(1) 用空盘前乘法或破头乘法计算。积数定位采用算前定位法。

(2) 按照要求的精确度确定压尾档。要求保留 m 位小数的,应计算到小数点后的第 $m+2$ 位,压尾档则在小数点后的第 $m+3$ 位。在实际工作中,如果答案要求保留 2 位小数,以倒数第一个计位点(金属钉)为标准点,以算盘的边为压尾档,如果答案要求保留 4 位小数,以倒数第二个计位点(金属钉)为标准点,以算盘的边为压尾档,如图 1-20 所示。

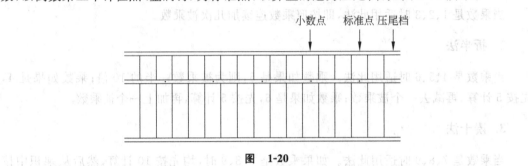

图 1-20

(3) 用破头乘法置被乘数时,拨到压尾档前一档为止。

(4) 边乘边加积数,直至压尾档前一档为止。凡落在压尾档及后面各档的积数,一律放弃。

(5) 乘完后,对多算的积数尾数四舍五入。

例:$2.194 \times 0.008,74 = 0.02$

用空盘前乘法计算如下。

第一步:确定压尾档。

答数要求精确到第 2 位小数。以倒数第一个计位点(金属钉)为标准点,以算盘的边为压尾档。

第二步:定小数点及起乘位。

此例要求答数保留 2 位小数(即精确到 0.01),以倒数第二个计位点为小数点。

位数和:(1 位)+(-2 位)= -1(位)

第三步:用空盘前乘法计算。

① 乘数第一位数"8"×"2.194"。

"八二 16",由于位数和是 -2 位,所以积数在小数点后空一档,即第二档拨上积数首位数"1",下一档"6";"八一 08",在前一档个位数"6",加上"0",后一档加上"8"。"八九 72",在前一档个位数"8",加上"7",后一档加上"2","八四 32",在前一档个位数"2",加上"3","2"落在压尾档舍弃,后面的数也不用乘。

② 乘数第二位数"7"×"2.194"。

"七二 14",由于是乘数的第二位,积数在起乘位的第二档开始加积,即在小数点后面第三档拨上积数首位数"1",下一档"4";"七一 07",在前一档个位数"4",加上"0",下一档"7","七九 63",在前一档个位数"7",加上"6","3"落在压尾档舍弃,后面的数也不用乘。

③ 乘数第二位数"4"×"2.194"。

"四二08",由于是乘数的第三位,积数在起乘位的第三档开始加积,即在小数点后面第四档拨上积数首位数"0",下一档"8";"四一04",落在压尾档舍弃,后面的数也不用乘。

第四步:盘上数为0.019,16,按题意,要求答数保留两位小数,将第3位小数舍弃,得答数 0.02。

同步训练　乘　　法

【训练目的】　通过本训练,帮助学生了解乘法的运算顺序及规则,熟悉乘法口诀,掌握空盘前乘法和破头乘两种计算方法,掌握省乘法,可提高运算速度。

【训练用品】　算盘。

【训练内容】　乘法配套练习。

【训练指导】

(1) 明确乘法的运算顺序及规则。

(2) 指导学习者熟悉乘法口诀,运用空盘前乘法和破头乘法来计算。

(3) 指导学习者练习省乘法,提高运算速度。

一、指出下列各数的数位

(1) 532　　　　　　　　(2) 85,000　　　　　　　(3) 502,001
(4) 0.009,3　　　　　　(5) 0.047　　　　　　　　(6) 0.000,608,75
(7) 42.24　　　　　　　(8) 0.107,6　　　　　　　(9) 382.65
(10) 4.268　　　　　　 (11) 56,071.20　　　　　　(12) 7,500,036

二、确定数值

用添"0"或加小数点和分节号的方法,根据指定的位数,确定下列各数的数值。

(1) 43(正三位)　　　　(2) 85(零位)　　　　　　(3) 7,365(正五位)
(4) 632(负一位)　　　　(5) 763(负三位)　　　　　(6) 2,571(正二位)
(7) 4,839(负二位)　　　(8) 4,877(正一位)　　　　(9) 104(负四位)
(10) 360,800(正六位)　 (11) 8,006(负三位)　　　　(12) 20,005(零位)

三、用公式定位法对下列乘积定位

(1) 0.003×920.5=27,615　　　　　　(2) 0.005×0.757=3,785
(3) 0.6×785.4=47,124　　　　　　　(4) 6,000×7,835=4,701
(5) 8,000×0.000,014,23=11,384　　 (6) 380×368.5=14,003
(7) 0.786×5,023=3,948,078　　　　 (8) 98,400×52,600=517,584
(9) 0.032×189.07=605,024　　　　　(10) 0.004,7×53,214=2,501,058

四、计算下列乘法(保留2位小数)

(1) 173×59=　　　　　　　　　　　(2) 896×18=
(3) 94×827=　　　　　　　　　　　(4) 26×179=
(5) 526×49=　　　　　　　　　　　(6) 192×35=
(7) 84×5,093=　　　　　　　　　　(8) 41×1,905=

(9) 6,395×47=   (10) 2,186×34=
(11) 693×852=   (12) 374×216=
(13) 925×8,041=   (14) 419×1,853=
(15) 5,396×728=   (16) 2,863×317=
(17) 5,847×6,192=   (18) 3,026×2,941=
(19) 2,816×75,483=   (20) 25,947×3,156=
(21) 457.3×59.4=   (22) 2.7×36.8=
(23) 6.012×8.717=   (24) 32.19×14.06=
(25) 0.996×5.03=   (26) 0.047×2.01=
(27) 63.07×0.058=   (28) 0.002,7×19.4=
(29) 0.075×0.069=   (30) 0.38×0.247=
(31) 0.62×0.036=   (32) 47.6×0.008,432=
(33) 408.457×0.005,39= (34) 1.479,64×2.074,5=
(35) 36.007×0.002,46= (36) 145.938×2.014,54=
(37) 0.078,62×20.036= (38) 780.620,1×0.067=
(39) 680.062×10.200,36= (40) 50.243×20.067,8=
(41) 0.893,854×0.982,020= (42) 467.85×0.007,864=
(43) 0.783,159,4×0.020,64= (44) 46.970,1×0.043,86=
(45) 9.008,6×92.643=   (46) 90.764,35×0.483,69=
(47) 467.858,7×0.007,864= (48) 0.643,5×0.970,85=
(49) 6.543,28×4.567,897= (50) 7.008,5×0.600,786,4=

技能 4 珠 算 除 法

技能要求

☑ 了解除法的种类。
☑ 了解除法的运算顺序。
☑ 熟悉除法的简便算法。
☑ 掌握珠算除法的定位方法。
☑ 掌握常用的珠算除法。
☑ 掌握退商与补商。

一、珠算除法原理

（一）除法的种类

除法按照估商方法的不同，分为归除法和商除法；按照立商的档位不同，又可以分为隔位除法和不隔位除法（又称挨位除法）。

按照商除法的估商方法、归除法的置商及减积法则来进行运算的一种既快又准的珠算除算方法被称为改商除法（又称为不隔位商除法）。

（二）除法的运算顺序

除法的运算顺序如下：将被除数按要求拨入算盘，然后采用大九九口诀，从左到右，先从被除数的首位数除起，逐位迭减试商与除数的乘积，依次除至末位数，计算出得数。

（三）除法口诀

除法是乘法的逆运算，在商除法下，可以按照乘法大九九口诀估商。

二、珠算除法的定位方法

（一）固定个位法

固定个位法又称算前定位法，即首先在算盘上确定个位档，然后置数上盘进行运算，盘上得数即为所求的商数。

具体步骤如下。

(1) 在算盘上选一个带有计位点的档作为商的个位档，用"▼"表示。

(2) 定位：依据定位公式进行定位。
- 隔位商除法：被除数位数(m)－除数位数(n)－1。
- 不隔位商除法：被除数位数(m)－除数位数(n)。

(3) 置数：先将被除数按算前定位法公式计算出的位数拨入相应的档位，然后默记除数。

(4) 运算顺序：从被除数首位开始，由高到低依次除到末位或除到要求的精确度为止。

(5) 置商：置商即运算放置商数的档位，原则是"够除隔位商，不够除挨位商"。

被除数的首位数大于或等于首位数时称为够除；被除数的首位数小于除数的首位数时称为不够除。

商的档位有两种情况：如果被除数的首位数大于或等于首位数，商拨在被除数前空一档（即左二档）的档位上，称为隔位商；如果被除数的首位数小于除数的首位数，商拨在被除数左一档上，称为挨位商，见表1-21。

表 1-21

商 的 位 置		被 除 数
↓	↓	↓
隔位	挨位	被除数首位

例：$754 \div 3 \approx 251.33$

被除数首位数 7 大于除数的首位数 3，够除，隔位商。

例：$5.86 \div 586 = 0.01$

被除数与除数的各位数相同，够除，隔位商。

例：$85 \div 794 \approx 0.11$

被除数首位数 8 大于除数的首位数 7，够除，隔位商。

例：$5.796 \div 0.03 = 193.20$

被除数首位数 5 大于除数的首位数 3，够除，隔位商。

例：$96 \div 4 = 24$

被除数首位数 9 大于除数的首位数 4,够除,隔位商。

例：$157 \div 2 = 78.5$

被除数首位数 1 小于除数的首位数 2,不够除,挨位商。

例：$468 \div 6 = 78$

被除数首位数 4 小于除数的首位数 6,不够除,挨位商。

（二）公式定位法

公式定位法又称算后定位法。该方法是先将被除数首位数与除数首位数进行比较,然后以被除数的位数(m)与除数的位数(n)之差(即 $m-n$)为基准来确定商数的位数。具体有三种情形,见表 1-22。

表　1-22

三种情形	公　式	举　例
"被首小,位相减"：被除数首位数小于除数首位数时,被除数的位数减除数的位数,就是商数的位数	商数位数＝被除数位数(m)－除数位数(n)	① $3,886 \div 67 = 58$ 　　↓　　　↓　　↓ 　4 位 － 2 位 = 2 位 被除数首位数 3 小于除数的首位数 6 ② $52,635 \div 0.87 = 60,500$ 　　↓　　　　↓　　　↓ 　5 位 － 0 位 = 5 位 被除数首位数 5 小于除数的首位数 8
"被首大,减后加 1"：被除数首位数大于除数首位数时,被除数的位数减除数的位数加上 1,就是商数的位数	商数位数＝被除数位数(m)－除数位数(n)＋1	③ $0.752,4 \div 2.09 = 0.36$ 　　↓　　　　↓　　　↓ 　0 位 － 1 位 ＋ 1 = 0 位 被除数首位数 7 大于除数的首位数 2 ④ $89.76 \div 0.064 = 1,402.5$ 　　↓　　　　↓　　　↓ 　2 位 －(－1)位 ＋ 1 = 4 位 被除数首位数 8 大于除数的首位数 6
"首位等,比下位"：如果被除数的首位数与除数的首位数相等时,就比较二者的第二位数,如果仍相等,就依次比较第三位数,依次类推,直至末位数,如果仍相等,则视同被除数首位数大		⑤ $3,196 \div 37,600 = 0.085$ 　　↓　　　　↓　　　↓ 　4 位 － 5 位 = －1 位 被除数的首位数与除数的首位数相同；于是比较二者的第二位,被除数的第二位 1 小于除数的第二位 7 ⑥ $100.1 \div 100.1 = 1$ 　　↓　　　↓　　↓ 　3 位 － 3 位 ＋ 1 = 1 位 被除数与除数的各位数相同

三、常用的珠算除法

（一）隔位商除法

隔位商除法是指两数相除时,用被除数与除数进行比较,心算估商,然后用大九九口诀,将估算的商数与除数相乘,从被除数中减去乘积,得出商数。这种方法的优点是运算原理与笔算除法基本类似,易学,计算速度快。

1. 隔位商除法的计算步骤

(1) 置数。采用固定个位法时,以 $m-n-1$ 为基础确定被除数首位数应拨入的档位,依次拨入被除数。

(2) 估商。用被除数除以除数,确定商数。

(3) 置商。够除,隔位商;不够除,挨位商。

(4) 减去乘积。置商后,按照从被除数首位数起,由高位到低位,从被除数中减去商数与除数的乘积。每置一次商即减一次乘积,直至达到要求为止。

(5) 确定商数。运算完成后,反映在算盘上的数即为商数。

2. 隔位商除法的具体应用

(1) 一位除法。一位除法是指除数只有一位非零数字的除法。不论被除数是多少位,只要除数是一位非零数字,都称为一位除法。

① 置数:将被除数拨入算盘。采用算前定位法进行计算的,先按算前定位法公式 $m-n-1$ 计算出被除数档位,然后按位拨入被除数,默记除数。采用公式定位法定位的,可在算盘左边第三档起拨上被除数,默记除数。

② 运算顺序:从被除数首位开始,由高到低依次除到末位,或除到所要求的精确度为止。

③ 估商:用大九九口诀估商,若被除数首位数大于除数首位数,用被除数最高位数字与除数估商;若被除数首位数字小于除数,估商时用被除数前两位数字与除数估商。

④ 置商:置商即运算中置商数的档位。其置商档位的原则是:"够除隔位商,不够除挨位商"。

⑤ 减积档次:在被除数中,减去商与除数的乘积称为减积。一位商除法的减积档次是:"商与除数相乘之积的十位数,在商的右一档减,个位数在商的右二档减。"

例:$96 \div 4 = 24$

步骤如下。

① 采用算前定位法:置数档位 $2-1-1=0$。被除数首位数 9 比除数首位数 4 大,够除,隔位商,估得商数 2,在左边隔一位拨上商数 2,如图 1-21 和图 1-22 所示。

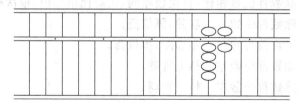

图 1-21

② 减积:用商数 2 乘以除数 4,"二四 08":在商数右边第一档减积数 0,商数右边第二档减积数个位数 8,还有余数 16,如图 1-22 所示。

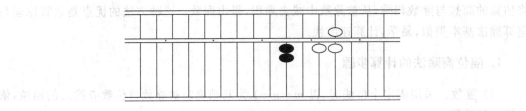

图 1-22

③ 求第二位商数(16÷4)。

估商：用除数 4 除被除数首两位数 16，估商得 4，由于被除数首位数 1 小于除数 4，在被除数 16 的左边挨位拨上商 4，简称挨商 4，如图 1-23 所示。

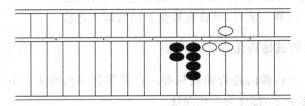

图 1-23

减积：用商数 4 乘以除数，"四四 16"：在商数右边第一档减积数十位数 1，右边第二档减积数个位数 6，无余数，得本题商数 24。

例：$1,785 \div 5 = 357$

　　　$97.30 \div 3 \approx 32.43$

　　　$213.25 \div 3 \approx 71.08$

　　　$9,205.7 \div 60 \approx 153.43$

(2) 多位除法。多位除法是指除数为两位或两位以上非零数字的除法。不论被除数是多少位，只要除数为两位或两位以上非零数字，都称为多位除法。

运算方法及步骤如下。

① 定位置数。按照算前定位法，将被除数拨上算盘；置数后，默记除数。

定位公式：被除数位数(m) — 除数位数(n) — 1

② 置商。置商即运算中放置商数的档位，原则如下。

够除隔位商，不够除挨位商

被除数首位数与除数首位数相比，首位数相同，还需比第二位，依次类推。

被除数首位数≥除数首位数——够除，隔位商。

被除数首位数≤除数首位数——不够除，挨位商。

隔位商是指在被除数首位数左二档上置商。

挨位商是指在被除数首位数左一档上置商。

例：$975 \div 39 = 25$

被除数首位数 9 大于除数首位数 3，够除，隔位商。

例：$5.86 \div 586 = 0.01$

被除数与除数相同，够除，隔位商。

例：4,770÷45＝106

被除数首位数与除数首位数相同，比较第二位，7大于5，够除，隔位商。

例：6,972÷83＝84

被除数首位数6小于除数首位数8，不够除，挨位商。

③ 估商。估商的方法有两种：即心算估商法和口诀估商法。

a．心算估商法。商除法用乘法口诀，通过心算估商。

方法一：除数首位数估商法。

除数第二位数小于5时，用除数首位数估商。当被除数首位数大于除数首位数时，用除数首位数除被除数首位；当被除数首位数小于除数首位数时，用除数首位数去除被除数首两位数。此法所估商数往往过大。

例：708÷236＝3

除数第二位数"3"小于"5"，用除数首位数"2"估商；又因被除数首位数"7"大于除数首位数"2"，所以，用除数首位数"2"除被除数首位数"7"，估得商数3。

例：5,184÷648＝8

除数第二位数"4"小于"5"，用除数首位数"6"估商，用除数首位数"6"除被除数头两位数"51"（即51÷6），估得商数8。

方法二：除数首位数加1估商法。

除数第二位数大于或等于5，用除数首位数加1后估商。当被除数首位数大于除数首位数时，用"除首加1"去除被除数首位数；当被除数首位数小于除数首位数时，用"除首加1"去除被除数前两位数；此法所估商数偏小。

例：792÷264＝3

除数第二位数"6"大于"5"，用除数首位数2加1，即用3估商；又因被除数首位数7大于除数首位数2，故用3除被除数首位数7（即7÷3），估得商数2，但实际商数应该是3。估商偏小，应补商。

b．口诀估商法。商除法用口诀估商，只要记熟十多句口诀，估商便可一呼即得，见表1-23。用口诀所估得商数，大多数是准确的，少数不准确的，可用补商法或退商法进行调整，也能很快得到准确的商数。

表 1-23

一、首小类口诀（挨位商）		二、大数类口诀（隔位商）	三、首同下小类口诀
二除一商5	五除商倍		
三除一商3	六除商大2		
三除二商6	七除商大1	1. 大数隔商1，隔档减除数	首同下小挨商9
四除一商2	八除商大1	2. 几倍隔商几	
四除二商5	九除商同		
四除三商7			

备注：每句口诀的第一个数代表除数首位数，第二个数代表被除数首位数，末尾的数代表商数。

从表1-23看，估商口诀分成三类，下面介绍口诀的运用。首小类口诀运用见表1-24。

表 1-24

首小类口诀	例 子
二除一商5	① 1,430÷286=5 除数首位数是2,被除数首位数是1,用口诀二除一商5,商数得5 ② 13,640÷248=55 用口诀二除一商5,商数得5;还有余数124,用口诀二除一商5,商数得5
三除一商3 三除二商6	③ 2,208÷368=6 用口诀三除二商6,商数得6 ④ 21,924÷348=63 用口诀三除二商6,商数得6,余数还有1,044,用口诀三除一商3,商数得3
四除一商2 四除二商5 四除三商7	⑤ 1,242÷46=27 用口诀四除一商2,商数得2,余数还有322,用口诀四除三商7,商数得7 ⑥ 35,850÷478=75 用口诀四除三商7,商数得7,余数还有239,用口诀四除二商5,商数得5
五除商倍	⑦ 13,608÷567=24 用口诀五除商倍,得商数2,还有余数2,268,用口诀五除商倍,得商数4 ⑧ 36,312÷534=68 用口诀五除商倍,得商数6,还有余数4,272,用口诀五除商倍,得商数8
六除商大2	⑨ 2,108÷62=34 用口诀六除商大2,得商数3,还有余数248,用口诀六除商大2,得商数4 ⑩ 28,122÷654=43 用口诀六除商大2,得商数4,还有余数1,962,用口诀六除商大2,得商数3
七除商大1 八除商大1	⑪ 31,452÷7,863=4 用口诀七除商大1,得商数4 ⑫ 41,652÷78=534 用口诀七除商大1,得商数5,还有余数2,653,用口诀七除商大1,得商数3,还有余数312,用口诀七除商大1,得商数4 ⑬ 53,178÷8,863=6 用口诀八除商大1,得商数6 ⑭ 1,968÷82=24 用口诀八除商大1,得商数2,还有余数328,用口诀八除商大1,得商数4
九除商同	⑮ 6,789÷987≈6.88 被除数首位数是6,商数同样是6,还有余数867,九除商同,估商8,还有余数774,再估商得7,还有余数84,四舍五入,得本题答数6.88

被除数首位数大于除数首位数(或者被除数等于除数,就把被除数称为大数)要运用大数类口诀估商只有两句口诀,见表1-25。

表 1-25

大数类口诀	例 子
"大数隔商1,隔档减除数"。遇到被除数是"大数",就在被除数左边隔一位拨上商数1,并从除数左边隔档起减去一次除数,减了一次除数后,如果余数还是大数,就再次隔商1,再减一次除数	① 630÷42=15 被除数首位数"6"大于除数首位"4",在被除数左边隔一档拨上商数1,并从除数右边隔档减去除数42,还有余数21,运用"四除二商五"口诀,得商数5

大数类口诀	例 子
"几倍隔商几"。遇到除数首位数很小,即是1或2,而且被除数首位数又很大时,粗略估计被除数是除数的几倍,就在被除数左边隔一档拨上商数几	② 736÷32=23 取首两位数估商,估计73大约是32的2倍,就在被除数左边隔档拨上商数2,减积后还有余数96,96大约是32的3倍,就在被除数左边隔档拨上商数3

首同下小类口诀见表1-26。

表 1-26

首同下小类口诀	例 子
"首同下小挨商9"。遇到被除数首位数与除数首位数相同(或首几位数相同),但被除数的下一位数较小,即被除数第二位数小于除数第二位数,就在被除数左边挨位拨上商数9	① 5,283÷587=9 被除数首位数与除数首位数相同,但被除数第二位数小于除数第二位数,用口诀"首同下小挨商9"在被除数左边挨位拨上商数9 ② 68,805÷695=99 用口诀"首同下小挨商9"在被除数左边挨位拨上商数9,还有余数6,255,再用口诀"首同下小挨商9"在被除数左边挨位拨上商数9

④ 乘、减。相乘时,由除数第一位数乘起,减积数时,从商数右边第一档减起。

减积数的规律有如下两条。

对位规律:用本位商数乘以除数第几位数,在商数右边第几档减去积数的十位数。

例如,商数乘以除数第一位数,在商数右边第一档减去积数的十位数;商数乘以除数第二位数,在商数右边第二档减去积数的十位数。

前后积规律:每乘一位,减一次积数,要在减去前一次积数个位数的档位减去后一次积数的十位数。为了避免减错档位,初学者可同乘法一样,采取手指点档法。即:

点在前积个位档,减去后积十位数

⑤ 算盘上的数即为结果。

例:63,412÷83=764

采用算前定位法计算。

① 定位置数:5位-2位-1位=2位

从商数小数点前二档起拨上被除数63,412,如图1-24所示。

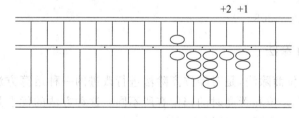

图 1-24

② 计算各位商数。

a. 计算第一位商数。八除商大1,估商7,减积"七八56、七三21",还有余数5,312,如

图 1-25 所示。

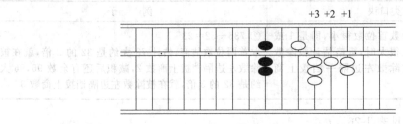

图　1-25

b. 计算第二位商数。八除商大 1，估商得 6，减积"六八 48、六三 18"，还有余数 332，如图 1-26 所示。

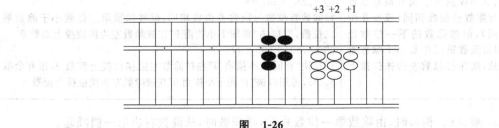

图　1-26

c. 计算第三位商数。八除商大 1，得商数 4，如图 1-27 所示。

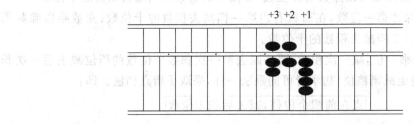

图　1-27

③ 算盘上的数是答数。

例：70,221÷789＝89

　　25,992÷342＝76

　　585÷45＝13

　　190,960÷620＝308

（二）不隔位商除法

改商除法又称挨位商除法，是对隔位商除法进行改进的一种运算方法，其运算原理与隔位商除法一致，只是在定位和置商时的档位有所不同。这种方法的优点是占用档位少，简化了运算程序，拨珠次数相应减少，计算速度快。

改商除法的计算步骤如下。

1. 置数

采用固定个位法时,以 $m-n$ 为基础确定被除数首位数应拨入的档位,依次拨入被除数。

2. 估商

用被除数除以除数,确定商数。

在首次估商时,可以运用以下估商法则。

(1) 被除数首位数大于或等于除数的首位数,且除数的第二位数小于 5 时,在被除数首位数内运用除数首位数估商。

(2) 被除数首位数大于或等于除数的首位数,且除数的第二位数大于 5 时,在被除数首位数内运用除数首位数加 1 估商。

(3) 被除数首位数小于除数的首位数,且除数的第二位数小于 5 时,在被除数首位数和第二位数内运用除数首位数估商。

(4) 被除数首位数小于除数的首位数,且除数的第二位数大于 5 时,在被除数首位数和第二位数内运用除数首位数加 1 估商。在后续运算的估商中,依次类推。

3. 置商

够除,挨位商;不够除,本位改作商。

4. 减积的档位

置商后,按照从被除数首位数起,由高位到低位,从被除数中减去商数与除数的乘积。每置一次商即减一次乘积,直至达到要求为止。

5. 商数

运算完成后,反映在算盘上的数就是商数。

四、退商与补商

在除法运算中,由于除法数位较多,估的商难免会过大或过小,这就需要调商,商过大时,要退商;商过小时,要补商。退商与补商是试商差误的矫正方法。

(一) 补商

在除法运算中,如果商数偏小,必然出现余数大于(或等于)除数,这就要补商,在商数里加上 1,并从商数右边隔档起减除数。

简记:

| 余大商加 1,隔档减除数 |

判断余数大于除数的方法如下。

(1) 如果余数与商数之间无空档,即在商数的下一档有余数,余数肯定大于除数。

（2）与商数之间只隔一个空档，并且余数是大数，余数也肯定大于除数。

例：26,496÷36＝736

① 采用算前定位法定位：5位－2位－1＝2位。

② 计算各位商数。

计算第一位商数："三除二商 6"，得商数 6，减"六三 18、六六 36"，还有余数 4,896，如图 1-28 和图 1-29 所示。

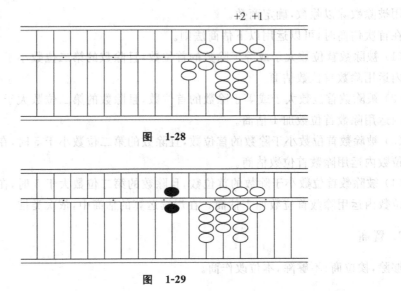

图 1-28

图 1-29

余数 4,896 与商数 6 之间只隔一个空档，并且余数大于除数，就要补商；在商数 6 加上 1，从商数右边隔档起减去除数 36，第一个商数得 7，如图 1-30 所示。

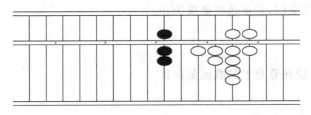

图 1-30

计算第二位商数："三除一商 3"，得商 3，减积"三三 09、三六 18"，余数 216，如图 1-31 所示。

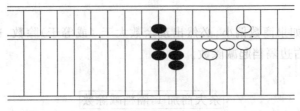

图 1-31

计算第三位商数:"三除二商 6",得商 6,减积"六三 18、六六 36",得本题商数 736,如图 1-32 所示。

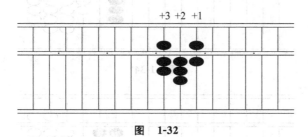

图 1-32

例:3,649.05÷95.4=38.25

　　6,600.96÷764=8.64

　　6,440.24÷760≈8.47

(二) 退商

在多位数除法运算过程中,估商过大导致被除数不够减去商与除数的乘积时,只能将商改小。如果开始置商就发现不够减乘积,就直接将商改小,直到够减为止。如果置商后已减过乘积后才发现商过大,只能退商,商数退几,就在置商右边相应的档位上补加该数与除数的乘积。

1. 开始不够减的退商法

在被除数尚未减积数之前就发现商大了,用商数乘以除数首位数,如从被除数里不够减其积数,就要把商数退去 1(即减 1)。

简记:

> 开始不够减,商数退 1 珠

例:230.48÷67=3.44

① 定位、置数:3 位－2 位－1＝0 位。

② 计算各位商数。

计算第一位商数:"六除商大 2",估得商数 4,但未减积数前,就发现"四六 24"不够减,商大了,就要把商数"4"减去 1,变成 3,如图 1-33 所示。

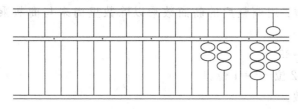

图 1-33

"三六 18、三七 21",减积后还有余数 2,948,如图 1-34 所示。

计算第二位商数:"四六 24、四七 28",减积后还有余数 268,如图 1-35 所示。

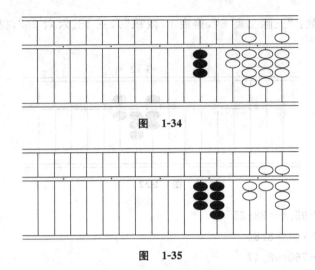

图 1-34

图 1-35

计算第三位商数:"四六24、四七28",减积后无余数,本题答数为3.44,如图1-36所示。

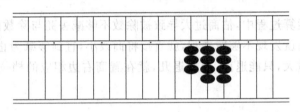

图 1-36

2. 中途不够减的退商法

在乘减过程中,从被除数里已减去部分积数后,才发现所剩余数不够继续减积数,这种情况称为中途不够减。中途不够减的退商法有以下两种。

(1) 普通退商法

退商的规则是:

<u>退1隔还已除数,新商乘减未除数</u>

退1隔还已除数:即从商数中减去1,并从商数右边隔档起加上除数已除过的数(指已与商数乘减过的数)。

新商乘减未除数:用调整后的新商数乘以除数里尚未与商数乘过的数,并减去其积数。

例:2,652÷68=39

① 定位:4位−2位−1=1位。

② 计算各位商数。

计算第一位商数:"六除商大2",初步估得商4,乘减"四六24",剩下252,乘减"四八32",不够减,要退商,如图1-37～图1-39所示。

除过的数是除数首位数"6",退商就要"退1隔还6":将商数4减去1,并在右边隔档加上6,手指点在加6的档位。

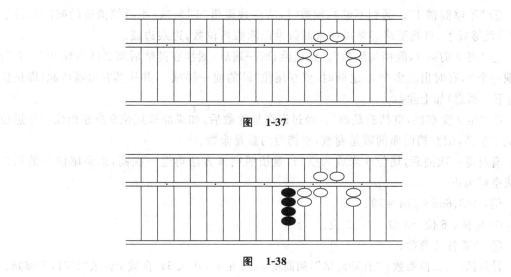

图 1-37

图 1-38

图 1-39

用调整后的商数 3 乘以除数第二位数 8，从手指所点的档位减积数十位数 2，下一档减十位数 4，得第一位商数 3，还有余数 612，如图 1-40 所示。

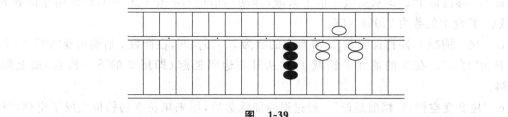

图 1-40

计算第二位商数（612÷68）。"首同下小挨商 9"，乘减后无余数，商数得 39，如图 1-41 所示。

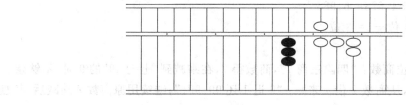

图 1-41

（2）借 1 退商法

借 1 退商法的步骤如下。

① "不够商借1"。遇到不够减积数时,从商数里借"1"来减(用隔档借位的减法),借了"1"后就够减了,自始至终都是以原来商数乘以除数各位数,边乘边减。

② "尾9前减1,隔档加除数"。经过乘、减一遍后,紧挨在商数后面必然出现"9"。有时出现一个9,有时出现多个9,退商时,要在尾位"9"的前一档减1,并从其右边隔档起(即尾位9的下一档起)加上除数。

③ "尾9变空档,空档前是商"。经过退商加除数后,如果原来尾位9所在档位由于进位变成了空档,则空档前面的数是商数,空档后的数是余数。

有时退一次商后,尾位9未成为空档,就按照同样方法再退一次商,退到尾位9的档位变成空档为止。

例:463,696÷584=794

① 定位:6位-3位-1=2位。

② 计算各位商数。

计算第一、二位商数:"五除商倍",初商得8,八五40,八八64,在减个位数"4"时,不够减。

a. "不够商借1"。即从商数8借1来减(隔两档借位),4退1还996,继续用原商数8乘、减后,算盘上的数为7,996,496。

b. "尾9前减1,隔档加除数"。算盘上的数为7,996,496,在商数7后面出现"99",尾位的9称为"尾9"。在9的前面一档减1,并从其右边隔档起(即尾9的下一档起)加上除数584。

c. "尾9变空档,空档前是商"。经过退商加除数后,原来尾位9的档位变成了空档,空档前的商数是79,空档后的余数是2,336。

计算第三位商数:"五除商倍",估商得4,四五20,四八32,四四16,乘减后无余数,本题商数为794。

例:32,640,905÷4,673=6,985

① 定位:8位-4位-1=3位。

② 计算各位商数。

计算第一、二、三位商数:"四除三商7",商数得7,在乘减到"七七49"的9时,不够减。

a. "不够商借1",从商数7借1来减:"9退1还99,991";继续用原商数7乘减后,其盘上的数为699,929,905。

b. "尾9前减1,隔档加除数"。在商数6的后面出现"999",尾位9的前一档减1,并从其右边隔档起加上除数。此时,算盘的数变为698,976,635。

退一次商后,但尾位9未成为空档,就按照同样方法再退一次商:"尾9前减1,隔档加除数4,673"。退到尾位9的档位变成空档为止,空档前的商数是698,空档后的余数是23,365。

计算第四位商数:"四除二商5",商数得5,乘减后无余数,本题商数6,985。

五、除法的简便算法

(一)省除法

省除法是指在不能整除的除法运算中,按要求省略余数并调整最末位商,使商数保留一定位数(如保留两位小数)的一种除法,因此,省除法下的商数为近似值。

采用固定个位法时,省除法较为简便,因为商数要求保留到哪位,就运算到哪位,然后比较余数与除数的前两位有效数字,若余数的前两位有效数字小于除数前两位有效数字的一半时,则舍去;反之,就在最末位的商数上加1。运算完成后,盘上数即为商数。

省除法的运算方法和步骤如下。

(1) 定好小数点、标准点和压尾档。

省除法的算前定位法以算盘中部选择一个计位点作为商数小数点,小数点右边的一个计位点作为"标准点"。要求商数准确到第"几"位小数,就以"标准点"右边第"几"档的下一档作为压尾档。要将压尾档的两颗上珠拨靠梁,或在该档拨上9,以便识别。

在实际计算中,要求商数小数保留2位数的,一般以倒数第二个计位点为小数点,以倒数第一个计位点为标准点,以算盘的边为压尾档。要求商数小数保留4位数的,一般以倒数第三个计位点为小数点,以倒数第二个计位点为标准点,以算盘的边为压尾档。

(2) 按照算前定位法将被除数拨上算盘,拨到压尾档的前一档为止。

(3) 计算每一位商数减积数时,减到压尾档的前一档为止。

(4) 算到规定的精确度位数后,如余数小于除数头两位数的半数,则弃之;如余数大于除数头两位的半数,则在商数尾位数加1。

例:$45,275,918 \div 74,832,416 \approx 0.61$。

本例要求商数准确到第2位小数。

(1) 定好压尾档。题意要求商数准确到第2位小数,以倒数第二个计位点为小数点,以倒数第一个计位点为标准点,以算盘的边为压尾档。

(2) 按照算前定位法置数。

$$被除数位数8位-除数位数8位-1位=-1位$$

从商数小数点的后一档起把被除数拨到压尾档的前一档为止,即拨上4,527。

(3) 计算各位商数。

计算第一位商数:估商得6,"六七42、六四24、六八48",减积至"六三18"时,"8"落在压尾档,不用减,还有余数38。由于余38大于除数头两位数45的半数,故在商数的尾位数加1,得本题商数0.61。

例:$55,072.34 \div 43,765,468.4 \approx 0.001,3$。

本例要求商数精确到第4位小数。

(1) 定好压尾档。题意要求商数准确到第4位小数,以倒数第三个计位点为小数点,以倒数第二个计位点为标准点,以算盘的边为压尾档。

(2) 按照算前定位法置数。

$$被除数位数5位-除数位数8位-1位=-4位$$

从商数小数点的后五档起把被除数拨到压尾档的前一档为止,即拨上5,507。

(3) 计算各位商数。

① 计算第一位商数。"大数隔商1,隔档减除数4,376",还有余数1,131。

② 计算第二位商数。"四除一商2",商数得2,减积至"二六12"时,"2"落在压尾档,不用减,还有余数256。

由于余数"25"大于除数头两位数"43"的半数,故在商数的尾位数加1,得本题商数 0.001,3。

（二）补数除法

补数除法是指在除数接近 10 的整数次幂的除法运算中,利用齐数与补数的关系,通过加减除数的补数来减少拨珠次数的一种简便除法。

在补数除法中,每次估定的商数是几,就在被除数相应档位加上该商数与除数补数的乘积(以下用 P 代替)。该乘积 P 视具体情况加入被除数：①被除数不够除时,就在下档加上 P,但如果 P 的位数比补数位数多一位(积首进位),就在本档加上 P；②被除数够除时,就在本档加上 P,但如果 P 的位数比补数位数多一位,就在前档加上 P。在 P 加入被除数得出的和中,如果本档数字与估定的商相同,这个数字就是商数；如果不同,就需要退商或补商。

1. 补数加除法

补数加除法是指不需要退商的补数除法。其商数的确定有两种情形：①将 P 加入被除数得出的和中,如果本档数字与估定的商相同,这个数字就是商数；②如果本档数字比估定的商大,就继续加补数(即补商),调整使其一致；当本档数字小于估定的商时,就用补数加减结合除法。

2. 补数加减结合除法

补数加减结合除法是指由于本档数字比估定的商小,需要减去补数(即退商)使其一致的补数除法。

（三）倒数除法

在除法运算中,根据除法与乘法互逆的运算性质,可以以乘代除,即某数除以任何不为零的数,均可以乘以其倒数,这种方法称为倒数除法。这种方法的优点是：由于有些除数的倒数很容易求出,以乘代除,可以提高计算速度。

同步训练　除　　法

【训练目的】　通过本训练,帮助学生了解除法的运算顺序及规则,重点掌握商除法的计算方法。

【训练用品】　算盘。

【训练内容】　除法配套练习。

【训练指导】

(1) 明确除法的运算顺序及规则。

(2) 重点指导补商和退商。

一、计算题

用公式定位法和算前定位法计算出下列各题商数的位数和被除数置数的档位,见表 1-27。

表 1-27

序号	算题	公式定位法确定商数的位数	算前定位法确定被除数置数的档位
1	42.88÷0.067=		
2	1,919÷0.087=		
3	6,555.38÷66.35=		
4	47.719÷0.401=		
5	0.061,6÷0.029,8=		
6	0.293,09÷0.647=		
7	80,783,700÷0.009,532=		
8	0.098,502,6÷99.8=		
9	46,902.79÷43.8=		
10	113,567÷1,582=		
11	900,123÷89=		
12	3,680÷72=		
13	500,000÷5,000=		
14	46,800÷468,000=		
15	2,800÷70=		

二、请计算下列除法（要求保留 2 位小数）

(1) 12,294÷200＝　　　　　　　　(2) 21,642÷3,000＝

(3) 3,008÷40＝　　　　　　　　　(4) 68,914÷2,000＝

(5) 876.96÷400＝　　　　　　　　(6) 6,175÷50＝

(7) 8,208÷30＝　　　　　　　　　(8) 5,678.9÷9＝

(9) 1,638÷70＝　　　　　　　　　(10) 23,456÷80,000＝

(11) 86.16÷6＝　　　　　　　　　(12) 4,987÷300＝

(13) 9,886÷50＝　　　　　　　　　(14) 144,000÷500＝

(15) 3,378.89÷1,640.33＝　　　　(16) 246,688÷231,400＝

(17) 13,320÷24＝　　　　　　　　(18) 1,485÷27＝

(19) 234,500÷225＝　　　　　　　(20) 450,570÷3,450＝

(21) 7,518÷352＝　　　　　　　　(22) 81,430.24÷364＝

(23) 13,431÷37＝　　　　　　　　(24) 5,837.02÷4.86＝

(25) 23,715÷45＝　　　　　　　　(26) 30,450÷42＝

(27) 9,031.25÷425.78＝　　　　　(28) 974,964÷452＝

(29) 7,269÷463＝　　　　　　　　(30) 557,656÷522＝

(31) 25,812÷554＝　　　　　　　(32) 111,728÷520＝

(33) 26,676÷652＝　　　　　　　(34) 39,168÷68＝

(35) 17,739÷73＝　　　　　　　　(36) 31,681.76÷7,228.89＝

(37) 63,920÷85＝　　　　　　　　(38) 36,729÷8,520＝

(39) 715,792÷913＝　　　　　　　(40) 247,746÷942＝

三、用补商算法计算以下各题

(1) $34,776 \div 72 =$
(2) $182,369 \div 281 =$
(3) $2,649.6 \div 36 =$
(4) $6,929.16 \div 438 =$
(5) $6,301.78 \div 64.7 =$
(6) $8,076.9 \div 24.7 =$
(7) $5,590.08 \div 64.7 =$
(8) $8,214.66 \div 423 =$
(9) $8,279.31 \div 923 =$
(10) $5,694.78 \div 637 =$
(11) $70,372.8 \div 648 =$
(12) $7,209.48 \div 82.3 =$
(13) $5,072.04 \div 648 =$
(14) $5,703.05 \div 83.5 =$
(15) $2,923.48 \div 74.2 =$
(16) $5,684.35 \div 76.3 =$
(17) $84,117.78 \div 84.6 =$
(18) $3,938.13 \div 42.3 =$
(19) $59,991.14 \div 638 =$
(20) $6,440.24 \div 760 =$

四、用退商算法计算以下各题

1. 开始不够减的题型

(1) $230.48 \div 67 =$
(2) $3,693.42 \div 86.7 =$
(3) $1,535.76 \div 64.8 =$
(4) $1,138.28 \div 79.6 =$
(5) $17,919.6 \div 65.4 =$
(6) $2,075.04 \div 78.6 =$
(7) $96,615 \div 678 =$
(8) $15,771.6 \div 674 =$

2. 中途不够减的题型

(1) $331.96 \div 86 =$
(2) $332.32 \div 67 =$
(3) $1,017.81 \div 38.72 =$
(4) $990.15 \div 287 =$
(5) $131.4 \div 180 =$
(6) $22,225.92 \div 768 =$
(7) $93,622.5 \div 675 =$
(8) $4,501.38 \div 59.7 =$
(9) $2,832.69 \div 28.7 =$
(10) $875.16 \div 46.8 =$
(11) $33,024 \div 860 =$
(12) $9,272.8 \div 670 =$
(13) $4,364.97 \div 876.5 =$
(14) $348,990.26 \div 498.7 =$
(15) $46,992.48 \div 507.6 =$
(16) $28,633.25 \div 478.6 =$
(17) $34,623.4 \div 578.4 =$
(18) $2,183.45 \div 364.7 =$

五、计算题（运用省除法，要求保留 **2** 位小数）

(1) $3,148,256 \div 647,863 \approx$
(2) $4,276,918 \div 74,832,416 \approx$
(3) $9,248.57 \div 478,325 \approx$
(4) $286,532 \div 5,278,346 \approx$
(5) $98,465,928 \div 27,684,352 \approx$
(6) $5,796,273 \div 3,278,460 \approx$
(7) $274,936,815 \div 86,175,286 \approx$
(8) $2,874,532.96 \div 164,875.64 \approx$
(9) $3,748,259.47 \div 67,987,536.28 \approx$
(10) $3,468 \div 5,264 \approx$

六、计算题（运用省除法，要求保留 **4** 位小数）

(1) $435,678.92 \div 7,643,825.78 \approx$
(2) $65,489.63 \div 1,792,945.21 \approx$
(3) $24,675,318 \div 57,900,654 \approx$
(4) $76,843,572 \div 67,826,940 \approx$
(5) $2,197,077 \div 234,987,006 \approx$
(6) $78,545,284 \div 748,329,460 \approx$
(7) $258,482 \div 78,350,829 \approx$
(8) $24,356,914 \div 74,362,974 \approx$
(9) $76,845,760 \div 2,951,878,294 \approx$
(10) $9,627.48 \div 87,572,840 \approx$

技能 5　珠算差错查找方法

技能要求
- ☑ 熟悉珠算加减法差错查找方法。
- ☑ 熟悉珠算乘除法差错查找方法。

一、珠算加减法差错查找方法

在珠算运算过程中，常见的错误主要有以下几种。
(1) 用错计算方法。
(2) 看错数字。
(3) 错档、错位。
(4) 拨珠不准。
(5) 漏记或重记。

（一）复查法

复查法是指计算完成后，再将原题重新计算一遍或者几遍，直到无误为止的一种错误查找方法。该法同样适用于乘除法差错的查找。

（二）还原查法

计算完成后，根据加法与减法互为逆运算的性质，采用减法还原加法，或者采用加法还原减法。

（三）尾数查法

计算完成后，用复查法计算出另外一个结果，发现两个得数中其他数都一致，而只有末位数出现差错时，可以单独对末位数进行复核。采用尾数查法可以减少复查的次数，减少查错时间。

（四）除二查法

在计算中，有时会将"＋"号看成"－"号，或者将"－"号看成"＋"号。这样会造成两倍于某数的差数，而这个差数必然是偶数，因此用差数除以 2 便可以找出错数。检查方法是：计算完成后，用复查法计算出另外一个结果，将两个结果相减，其差数如果是算式数据中某个数的两倍，则这个数在计算中记错了方向。采用除二查法可以减少复查的次数，减少查错时间。

（五）除九查法

相邻两个数字颠倒，多算一个"0"或者少算一个"0"等差错，均可用除九法查找。采用除九法可以减少复查的次数，减少查错时间。

(1) 相邻两个数字颠倒,其差数一定是"9"的倍数。计算完成后,用复查法计算出另外一个结果,将两个结果相减,如果差数刚好是9的倍数,则看算式中是否某个数的相邻两个数字被颠倒。

(2) 数字如果多一个"0",其两数之差能被9整除。计算完成后,用复查法计算出另外一个结果,将两个结果相减,如果差数是9的倍数且商刚好是算式中的某个数(假设为a),则这个数a就是正确的数字。

(3) 数字如果少一个"0",其两数之差能被9整除,同时商数比原数少一个"0"。计算完成后,用复查法计算出另外一个结果,将两个结果相减,如果差数是9的倍数且商的末尾刚好比算式中的某个数(假设为a)的末尾少一个"0",则这个数a就是正确的数字。

二、珠算乘除法差错查找方法

珠算乘除法运算过程中,除采用复查法外,还可采用以下方法来查找和改正错误。

(一) 还原查法

计算完成后,根据乘法与除法互为逆运算的性质,采用除法还原乘法,或者采用乘法还原除法。

(二) 变换算法检查法

当一道题计算完成之后,可以改变算法重新计算一遍。

(三) 首尾数查法

当一道乘法计算完之后,用被乘数首位数与乘数首位数相乘,其积的首位数如果与积数的首位数接近,原计算结果可能正确;用被乘数尾数与乘数尾数相乘,其积的尾数如果与积数的尾数相等,原计算结果可能正确。

当一道除法计算完之后,用商数首位数与除数首位数相乘,其积的首位数如果与被除数的首位数接近,原计算结果可能正确;用商数尾数与除数尾数相乘,其积的尾数如果与被除数的尾数相等,原计算结果可能正确。

需要特别指出的是,每一种差错查找方法都无法保证计算结果的绝对正确,并且每种差错查找方法也不是孤立的,有时可能需要结合使用多种差错查找方法。

项目2

点钞技能与人民币知识和财务书写

点钞技能是银行柜员、企事业单位出纳人员和各类收银员必备的技能。在日常生活中，也常用到钞票的清点技术，点钞技术的应用十分广泛。点钞的方法多种多样，本项目对常用的点钞技能进行详细介绍。通过本项目的学习，帮助学习者学会不同的点钞方法，能熟练掌握手持式单指单张点钞方法、手按式多指多张点钞方法，掌握钞票捆扎技术，能操作点钞机，掌握识别第五套人民币真假的技术。

技能1 点钞技能基本要求

技能要求

- ☑ 熟知钞票清点的基本程序及点钞方法分类。
- ☑ 熟练掌握规范的单指单张、多指多张点钞技术。
- ☑ 掌握钞票捆扎技术。
- ☑ 能熟练使用点钞机。
- ☑ 熟知第五套人民币的防伪特征，具备识别假币的能力。

一、学习点钞的意义

点钞又称票币的整点，是财会、金融和商品经营等专业需要掌握的一项专业技术，是从事财会、金融和商品经营等工作必须具备的基本技能。不断改进提高现金整点的操作技术，对于提高工作效率，加速现金周转使用，调剂货币流通，促进国民经济发展有重大的意义。

二、点钞的基本程序

（一）拆把

把待点的成把钞票的封条拆掉，同时做好点数的准备。

（二）点数

手中点钞，脑中记数，点准每一张钞票。

（三）扎把

把点准的百张（或不足百张）钞票墩齐，并用捆钱条扎紧，不足百张在捆钱条上写出实点数金额。

（四）盖章

在扎好的捆钱条上加盖经办人名章，以明确责任。

三、点钞的基本要求

按照"五好钱捆"的标准，票币整点应当做到：票子点准、钞票墩齐、盖章清晰、挑出残票、捆紧票子。在票币整点过程中，一般都要经过拆把、持票、清点、记数、墩齐、扎把、盖章这几个环节，所以，要掌握好票币整点技术，就应从上述这几个环节下功夫，必须做到以下几项具体要求。

（一）坐姿要端正

正确的坐姿应该是：两脚平踏地面，直腰挺胸，自然，全身肌肉放松，双手配合协作，活动自如。

（二）操作定型、用品定位

操作定型、用品定位是指点钞时用的算盘、印泥、图章、海绵壶、点钞机、捆钱条等要按使用顺序固定位置放好，以便点钞时使用顺手。例如，将未清点的款项放在左侧，将海绵壶放在中间，捆钱条放在右侧上部，整点完的款项放在右侧，这样摆放紧凑、方位得当、距离适宜，便于操作。

（三）点数要正确

点钞技术的关键是一个"准"字。清点和记数的准确是点钞的基本要求。点数不准确不仅影响日常工作的质量，而且会产生差错，造成损失。

怎样才能做到点数准确呢？就是要在点数前做好思想准备、款项准备和工具准备。在点数时要做到以下几点。

(1) 精神要集中。
(2) 坚持定型操作，坚持复核。
(3) 双手点钞，眼睛看钞，脑子记数，手、眼、脑紧密配合。

（四）票子要墩齐

点完一把钞票后，要把钞票墩齐后才能扎把。钞票墩齐要求：四条边水平，不露头，卷角拉平。

（五）钞票要捆紧

钞票捆扎应松紧适度。扎小把，以提起把中第一张钞票，钞票不被抽出为准。并按"井"

字形捆扎的大捆,以用力推不变形、抽不出把为准。

(六) 盖章要清晰

盖章是点钞过程中的最后一环,是分清责任的标志。所以,图章一定要清晰,以便明确责任。

(七) 动作连贯

动作连贯是保证点钞质量和提高效率的必要条件。

温馨提示:

点钞口诀:坐姿端正,用品到位;指法规范,清点准确;捆扎合格,动作流畅;记数盖章,快速整洁。

同步训练 点钞用品的摆放

【训练目的】 通过本训练,帮助学生了解点钞用品的用途,熟知相关用品的摆放位置。
【训练用品】 捆钞条、名章、练功券、海绵壶。
【训练内容】 将准备好的点钞用品按正确的位置摆放。
【训练指导】
(1) 明确点钞用品的具体用途和应用顺序。
(2) 以方便操作为原则,将点钞用品迅速摆放到位。

技能 2 手工点钞技术

点钞方法主要有手工点钞和机器点钞两种。一般企事业单位使用的主要还是手工点钞方法。常见的手工点钞方法有手持式单指单张点钞法、手按式单指单张点钞法、手按式多指多张点钞法、手持式多指多张点钞法、扇面点钞法等。常用的手工点钞方法如下。

一、手持式单指单张点钞法

手持式单指单张点钞法是用右手(或左手)拇指一次捻动一张钞票,对票币进行点数的方法。这种方法是点钞方法中最基本、最常用也是比较简单的一种。

(一) 特点

(1) 适用范围广,可用于收款、付款和整点各种新旧、大小面额的钞票。
(2) 持票面积小,易发现假票,便于挑出损伤券。使用该种点钞方法,由于持票面积小,清点钞票时能看到的票面较大,逐张捻动手感强,从而容易发现假票,便于挑出损伤券。

(3) 劳动强度较大,使用这种方法点一张就要记一个数。

(二)操作要领

1. 持币

左手:左手手心朝向自己,中指和无名指分开,票币正面朝下,左边 1/2 处夹在中指和无名指之间,无名指和小指向内屈指,夹住票币。右手:右手拇指轻轻向后推压票币正面,同时左手拇指在左侧向侧后压推票币,食指在后拦腰托住,使票币成反弓形,票币左侧为小扇面状,如图 2-1 所示。

点钞时要注意姿势,身体坐直,两肩要平,两臂肘关节放在桌上,持币的左手手腕贴桌面,手心朝内,右手手腕抬起,两臂角度约 120°,眼离票面 20 厘米左右,做好点钞的准备。

2. 清点

钞票正面斜对点钞员,用右手拇指尖逐张向下捻动钞票的右上角,捻的幅度要小,不要抬得过高,以免影响速度。食指、中指在钞票背面托住以配合拇指捻动,无名指将捻起的钞票不断向怀里弹。清点中,拇指可适当蘸水进行清点,如图 2-2 所示。

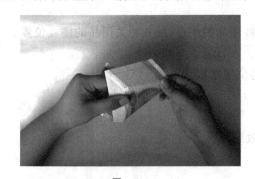 

图 2-1　　　　　　　　　　　图 2-2

清点技术要领如下。

(1) 点钞过程中,右手拇指每一张捻动的位置相同,拇指接触票币的面积越小,速度越快。

(2) 点钞时,票币的左下角要求在一个点上,左手的中指、无名指夹紧票币。两指的第二指关节在同一平面上,以防票币随着捻动而散把。

(3) 点钞时,票币左侧推出的小扇面要求每张的距离要匀称。

温馨提示:
　　下拉幅度不超过 1.5 厘米;扇面开扇最宽不超过 3 厘米;三分捻力,七分弹力。

---

3. 记数

记数有两种基本方法。一种是自然记数法,即从 1 数到 100;另一种是单记数法,即将一百记成十个"一、二、三、四、五……十"。即:

1,2,3,4……9(一)表示 10

1,2,3,4……9(二)表示 20

……

1,2,3,4……9(十)表示 100

采用这种记数法的优点是将十位数变成一位数字,不仅准确,而且省力好记,可以提高清点速度。记数要求如下。

(1) 点钞时注意力要集中。

(2) 记数时不能发出声音也不能有读数的口型。

> **温馨提示:**
> 记数时,精神要高度集中,只能在心中默记,不能发出声音。

4. 挑残破票币

点数过程中如果发现残破票币,即用两根手指夹住(其他手指松开),抽出来,点完后补进完整票,如图 2-3 所示。

图 2-3

二、手按式单指单张点钞法

手按式单指单张点钞法是将钞票放置在桌案上,通过双手一次捻点一张钞票对票币进行点数的方法。

(一) 特点及适用范围

(1) 简单易学。

(2) 所见票面面积较大,便于挑出残币和发现假票。

(3) 适用新旧大小面额钞票的初、复点,特别适宜于整点辅币及破残券。

(4) 速度比手持式单指单张点钞法稍慢。

(二) 操作要领

1. 按钞及拆把

将钞票平放在桌面上,两肘自然放在桌面上。以钞票左端为顶点,与身体成 45°,左手小指、无名指按住钞票左面约 1/3 处,小指在前,无名指贴着小指随后,中指自然弯曲,食指伸向纸条下端,将纸条勾断,中指、无名指、小指随即立起,用指尖按钞,手心朝下。食指与拇指张开抬起,为配合右手点数做准备,如图 2-4 所示。

图 2-4

2. 清点

右手掌心向下,右手腕抬起,中指伸直,拇指从钞票右端里侧托起部分钞票。食指指尖将钞票右侧内角与拇指摩擦后向里向上提,提起后左手拇指迅速接过,向上推,送到左手食指与中指之间夹住,依次连续操作,如图 2-5 所示。

 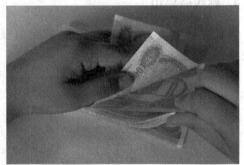

图 2-5

3. 记数

点一张,默记一张,记法为 1,2,3,4……9(一)表示 10;1,2,3,4……9(十)表示 100。

4. 扎把

扎把时,纸币不论票面金额的大小,都是以 100 张为一把,按券别用宽 2 厘米,长 50~60 厘米的纸条分别扎把,每把须盖带行号的经手人名章。(在任务最后详述)

三、手按式多指多张点钞法

(一) 特点

(1) 一次可清点两张或多张,最多可以点 4 张,其清点速度要比单指单张快。
(2) 所见票面面积小,不易发现假钞,劳动强度大。

(二) 操作要领

1. 按钞

钞票斜放在桌上,钞票右下角稍伸出桌面。坐在椅子上向右斜摆,使身体与桌子呈一个三角形,右手肘部枕在桌面上,左手中指、无名指、小指按住钞票的左上角,如图2-6所示。

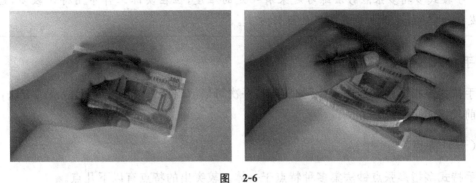

图 2-6

2. 清点

右手拇指托起右下角的部分钞票,小指卷曲。三指点钞是以无名指先捻起第一张,随即以中指、食指顺序各捻起一张。四指点钞是先用小指捻起一张。捻起的三张或四张钞票用左手拇指推送到食指、中指间夹住。点数时手指不要抬高,以免影响速度,如图2-7所示。

图 2-7

3. 记数

采用分组记数法。三张点钞是每三张为一组,记一个数,数到33组加最后剩一张,即为100张。四张点钞是每四张为一组,记一个数,数到25组正好是100张。

> **温馨提示：**
> 　　手按式多指多张点钞法练习起来有一定的难度，但在实际工作中用得比较多，也有其发挥的空间，是出纳员应掌握的点钞方法。

四、手持式多指多张点钞法

手持式多指多张点钞法是指同时翻点，一次可以清点四张或四张以上钞票的方法，是一种当前较快的手工点钞方法。

（一）特点

手持式多指多张点钞法集多种特点于一体。较突出的特点有以下几点。

(1) 点钞动作幅度小。多指点钞法的动作幅度小，在点钞过程中，手指到位、归位的时间少，点钞速度加快。

(2) 记数少、易计算。每把钞票只需记 25 个数（四指）、20 个数（五指），便于清点后计算。

(3) 每个周期点过的钞票较多。多指多张点钞法每个周期所清点的钞票数较多，相应地减少了周期的个数，减少了手指运动的周期数。

（二）适用范围

(1) 适用于整点五角以上的票券，特别适用于清点整把钞票及复点和竞赛。

(2) 由于看到票币的面积小，不利于点数的同时挑出残币，因此不适合整点残票。

（三）操作要领

1. 持币

(1) 左手手心面向自己，中指在前，食指、无名指、小指在后卡住钞票中端，如图 2-8 所示。

(2) 左手中指用力伸直，食指、无名指、小指弯曲，向手心方向用力将钞票卡成一个"瓦形"，如图 2-9 所示。

图 2-8

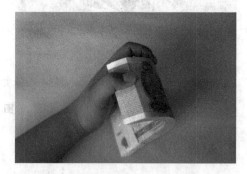

图 2-9

2. 清点

右手小指指肚上部点在钞票位上,同时通过第一指关节向手心弯曲,使指肚上部至指尖部快速向下(偏向手心方向)捻动钞票,如图 2-10 所示。当小指将第一张钞票向下搓出大约一指宽的票边时,将右手无名指指肚上部迅速点在钞票位上,通过第一指关节向手心弯曲,使指肚上部至指尖部快速向下(偏向手心方向)捻动钞票。小指继续沿原方向向下带票,中指、食指动作同无名指,顺次捻票(见图 2-11),如此反复点捻钞票,直至点完为止。

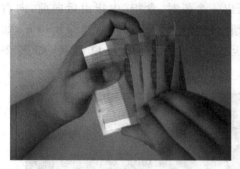

图 2-10

图 2-11

3. 记数

(1) 记数方法:每捻四张为一个周期,心中默记一个数。点完 X 个数时,钞票的总张数为 $4X$;如果点过 X 个数后,还剩 a 张($0<a<4$),那么此时的钞票总张数应为 $4X+a$;一般情况下,100 张为一把,一把共有 25 个周期,需记 25 个数。

(2) 记数要求:心中默默记数;嘴里不能出声音;不应有相应的口型动作。

4. 挑残破票币

点数时发现残破票币,用两个手指捏住向外折叠,待一把钞点完后抽出,补上完整票。

注意细节:减少手腕动作,拨票时目光应集中在钞票右上角,以便于发现残券、拨空等。

五、扇面点钞法

(一) 扇面点钞法的适用范围

扇面点钞法是指清点时,钞票展成扇面形状,右手一指或多指依次清点,是清点速度较快的一种点钞方法。它适用于收、付款的复点,特别是对大批成捆钞票的内部整点作用更大。它的优点是效率高,缺点是看不清票面,不能挑出残破票和鉴别假钞。

扇面点钞法主要有一指多张点钞法和扇面式多指多张点钞法。

(二) 操作要领

1. 持币

票币竖拿,正面朝内,左手的拇指在前,食指、中指在后捏住票币下端的中心,无名指、小指放松,自然放在钞票后面,右手拇指放在票币右侧边 1/3 处,其余四指托在钞票的后面,如图 2-12 所示。

2. 打扇面

打扇面时,以左手的拇指、食指、中指持币点为轴,右手拇指向左侧推票币的右边,同时食指、中指在票币的后面,将票币的右侧向左下方压,压出一个弧时,食指、中指由后向前,向右侧推拉票币的背面,使票币左右边缘稍错开,如此往返运动,将票币打开成扇面状,如图 2-13 所示。

图 2-12

图 2-13

3. 记数

记数时要注意手眼的配合,用分组记数法,一按 5 张(或一按 3 张、4 张也可以),即每 5 张为一组,每一组记一个数,5 张一组数到 20,正好 100 张;一按 10 张,即每 10 张为一组,数到 10,正好 100 张,依次类推。

4. 记数指法

一指压住票币扇轴,右手轻轻托住票币的背面,眼睛看准张数,拇指指肚卡数票币并下压,如图 2-14 所示。食指迅速前移卡住已点过的票币,拇指回位继续向下点数票币,如此往返将票币点完。

5. 合扇整理

点数完毕,双手将钞票拿起,合拢墩齐。

六、扎把

(一)持币

将清点好墩齐的票币横立,正面向内。左手拇指

图 2-14

在票币的左侧 1/3 处捏住票币的正面,其余四指捏住票币的背面(见图 2-15),拇指向后,四指向前用力,将票面压成一个向内的弧度,如同瓦形。

(二)压条

左手的食指、中指将腰条一端的 2~3 厘米从上向下压在票币背面的 1/2 处,如图 2-16 所示。

图 2-15

图 2-16

左手持币,右手的拇指、食指、中指捏腰条向内(或向外)、向下、向外(或向内)、向上缠绕,腰条向上缠绕至与票币成垂直部位时,右手要有点拉力,使腰条缠紧。在缠绕时,右手有个倒手动作。当腰条缠绕剩 15 厘米左右时,右手拇指、食指、中指压住腰条,沿票币边缘向右折 90°,如图 2-17 所示。

右手拇指按住折角处,食指、中指将腰条头塞入票币与腰条之间的空隙中,用双手将瓦形票币反向压平,最后在票币的侧面腰条处加盖名章,如图 2-18 所示。

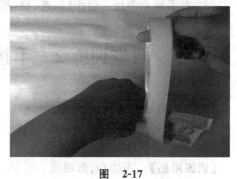

图 2-17

钞票够 100 张即成把。扎把是点钞的一道重要程序,有一定的技术要求和质量标准,既要扎得快,又要扎得紧。一般要求两秒钟扎一把,成把后最上面一张用手自然提起抽不出为合格。

图 2-18

> **温馨提示：**
> 捆扎后的小捆要做到捆钞条缠绕时每圈要重合，捆扎条的位置要居中、折角整齐、钞票四边墩齐、钞面平整、松紧适度、捆扎后提起第一张不松动。

同步训练1　手持式单指单张点钞技能

【训练目的】　巩固手持式单指单张点钞技能；规范双手动作和协调性。
【训练用品】　练功券、海绵壶。
【训练内容】　训练分组进行，每组训练时间为20分钟。
(1) 左右手配合，力争做到每个动作到位，训练时间为10分钟。
(2) 每组测试5分钟，复核5分钟。
【训练目标】　清点完一把的时间为40秒钟。
【训练指导】
(1) 坐姿训练。
(2) 左手技术训练：如何稳定持把。
(3) 右手技术训练：动作轻、连、稳，所谓"三分捻力，七分弹力"。

同步训练2　手按式多指多张点钞技能

【训练目的】
(1) 巩固手按式多指多张点钞技能。
(2) 规范双手动作和协调性。
【训练用品】　练功券、海绵壶。
【训练内容】　训练分组进行，每组训练时间为20分钟。
(1) 左右手配合，力争做到每个动作到位，训练时间为10分钟。
(2) 每组测试5分钟，复核5分钟。
【训练目标】　清点完一把的时间为30秒钟。
【训练指导】
(1) 坐姿训练。
(2) 左手技术训练：如何稳定压把。
(3) 右手技术训练：要求学生右手掀起部分的钞票厚度一般以50张左右为宜。

同步训练3　手持式四指四张点钞技能

【训练目的】　巩固手持式四指四张点钞技能；规范双手动作和协调性。
【训练用品】　练功券、海绵壶。

【训练内容】 训练分组进行,每组训练时间为20分钟。
(1) 左右手配合,力争做到每个动作到位,训练时间为10分钟。
(2) 每组测试5分钟,复核5分钟。
【训练目标】 清点完一把的时间为30秒钟。
【训练指导】
(1) 坐姿训练。
(2) 左手技术训练:如何稳定持把。
(3) 右手技术训练:要求学生右手四个手指并拢清点,刚开始可以用四指连续刷钞,每次出钞不一定是四张,先把手感刷出来,再练每次刷四张。

同步训练4　压条式捆扎和盖章

【训练目的】 学会压条式捆扎法的捆扎流程,能熟练完成单把捆扎。
【训练用品】 练功券、棉纱条。
【训练内容】
(1) 左右手配合,压钞、缠绕、折角塞条、整理钞等步骤连贯,动作协调。
(2) 自查或互查,评价捆扎质量。
【训练目标】 能扎紧一把钞,以提起任意一张钞不散把为标准。
【训练指导】
(1) 训练中首先告知学生,合格捆扎的技术点及如何评价各个环节的质量。
(2) 注意指导学生掌握好左手握钞的适度弧度,如果弧度过大,会造成捆扎后无法将钞面整理平整;如果弧度过小或者无弧度,会造成捆扎无力从而出现扎把松动。

技能3　机器点钞技术

机器点钞就是使用机器清点票币的数额。机器点钞速度快,适用于现金收入较多的单位,用于清点整齐的大票。使用机器整点票币可以减轻工作人员的劳动强度。

常见点钞机有立式点钞机、卧式点钞机、封闭式(真空)点钞机等。在使用卧式点钞机时,票面在输钞带上摊开,便于查点票面是否一致;立式点钞机可按要求数目清点,一次最多可数200张,可挑残券,发生卷叠重张券时,机器可报警,红灯显示并停机;封闭式(真空)点钞机工作时杂音较小,由于是封闭型,可以防止整点时灰尘飞散。图2-19所示是立式点钞机。

一、点钞机操作要领

(1) 检查点钞机的运行状况,调试要求做到不松、不紧、不吃、不塞。
(2) 待清点的票币放在桌面右侧,如图2-20所示。

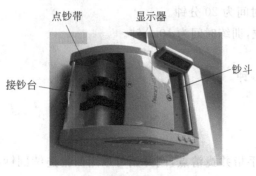
图 2-19

图 2-20

（3）拆把，右手拇指在钞票上面，其余四指在钞票下面，捏住钞票右下角，左手将扎把纸条撕下，放在桌子左侧，把钞票摊成前低后高的坡形，如图 2-21 所示。

（4）清点，将钞票轻轻放入钞斗内，使其自然下滑，如图 2-22 所示。

图 2-21

图 2-22

（5）扎把，清点完毕后墩齐扎把，盖章，如图 2-23 所示。

图 2-23

二、使用点钞机的注意事项

（1）无论是哪种机器，使用前首先要检查是否安装好安全地线，以保护机器的电路，防止操作人员触电。

（2）接上电源，打开机器开关，使机器运转，观察机器运转是否正常，荧光数码是否显示为"00"或"000"。

（3）试验捻钞力是否合适，观察钞票是否通畅整齐，记数是否准确。

同步训练　点钞机的使用

【训练目的】　熟悉点钞机的基本部件，掌握点钞机的基本操作方法和常见故障的排除。

【训练用品】　点钞机、练功券。

【训练内容】

(1) 点钞机和未清点的练功券摆放位置。

(2) 开机检查点钞机状态。

(3) 整理练功券上机清点。

(4) 常见故障的排除。

【训练目标】　60秒过1,000张钞票。

【训练指导】　强调送钞前需将钞票整理成梯形后再放入钞斗，在走钞过程中要注意有没有卡钞，清点结束后观察钞斗是否还有钞票遗漏。

技能4　掌握人民币知识

为适应经济发展和市场货币流通的要求，1999年10月1日，在中华人民共和国成立50周年之际，根据《中华人民共和国国务院第268号令》，中国人民银行陆续发行第五套人民币。第五套人民币共八种面额：100元、50元、20元、10元、5元、1元、5角、1角。第五套人民币根据市场流通中低面额主币实际承担大量找零角色的状况，增加了20元面额，取消了2元面额，使面额结构更加合理。第五套人民币采取"一次公布，分次发行"的方式。1999年10月1日，首先发行了100元纸币；2000年10月16日发行了20元纸币、1元和1角硬币；2001年9月1日，发行了50元、10元纸币；2002年11月18日，发行了5元纸币、5角硬币；2004年7月30日，发行了1元纸币。

一、2005年版第五套人民币纸币的票面特征和防伪特征

2015年版第五套人民币100元纸币在保持2005年版第五套人民币100元的规格、正背面主图案、主色调等不变的情况下，对防伪特征做了以下调整。

（一）正面防伪特征主要调整

(1) 取消了票面右侧的凹印手感线、隐形面额数字和左下角的光变油墨面额数字。

(2) 票面中部增加了光彩光变数字，光彩光变技术是国际钞票防伪领域公认的前沿公众防伪技术之一，公众更容易识别。目前全世界已有包括中国、俄罗斯、欧元区在内的多个国家和地区的钞票采用了该技术。2015年版第五套人民币100元纸币在票面正面中部印有光彩光变数字。垂直观察票面，数字"100"以金色为主；平视观察，数字"100"以绿色为主。随着观察角度的改变，数字"100"颜色在金色和绿色之间交替变化，并可见到一条亮光带在数字上下滚动。

(3) 票面右侧增加了光变镂空开窗安全线和竖号码。光变镂空开窗安全线位于票面正面右侧。当观察角度由直视变为斜视时,安全线颜色由品红色变为绿色;透光观察时,可见安全线中正反交替排列的镂空文字"¥100"。光变镂空开窗安全线对光源要求不高,颜色变化明显,同时集成镂空文字特征,有利于公众识别。

(4) 票面右上角面额数字由横排改为竖排,并对数字样式做了调整;中央团花图案中心花卉色彩由桔红色调整为紫色,取消花卉外淡蓝色花环,并对团花图案、接线形式做了调整;胶印对印图案由古钱币图案改为面额数字"100",并由票面左侧中间位置调整至左下角。

(5) 雕刻凹印。票面正面毛泽东头像、国徽、"中国人民银行"行名、右上角数字、盲文及背面人民大会堂等均采用雕刻凹印印刷,用手指触摸有明显的凹凸感。票面右上角面额数字由横排改为竖排,并对数字样式做了调整。

(6) 横竖双号码。改变了原有的冠字号码字形,更符合公众识别习惯和机器读取要求,有利于冠字号码的识别与记录,也有利于防范变造货币。其冠字和前两位数字为暗红色,后六位数字为黑色,右侧竖号码为蓝色。

(二) 背面防伪主要调整

(1) 取消了全息磁性开窗安全线和右下角的防复印标记。

(2) 减少了票面左右两侧边部胶印图纹,适当留白;胶印对印图案由古钱币图案改为面额数字"100",并由票面右侧中间位置调整至右下角;面额数字"100"上半部颜色由深紫色调整为浅紫色,下半部由大红色调整为桔红色,并对线纹结构进行了调整;票面局部装饰图案色彩由蓝、红相间调整为紫、红相间;左上角、右上角面额数字样式均做了调整。

(3) 年号调整为"2015年"。

二、2005年版第五套人民币50元纸币

(一) 2005年版第五套人民币50元纸币与1999年版相同之处

2005年版第五套人民币50元纸币规格、主景图案、主色调、"中国人民银行"行名和汉语拼音行名、面额数字、花卉图案、国徽、盲文面额标记、民族文字等票面特征,固定人像水印、手工雕刻头像、胶印微缩文字、雕刻凹版印刷等防伪特征,均与1999年版的第五套人民币50元纸币相同。

(二) 2005年版第五套人民币50元纸币与1999年版的区别

1. 调整防伪特征布局

正面左下角胶印对印图案调整到正面主景图案左侧中间位置,光变油墨面额数字左移至原胶印对印图案位置。背面右下角胶印对印图案调整到背面主景图案右侧中间位置。

2. 调整以下防伪特征

(1) 隐形面额数字:调整隐形面额数字观察角度。正面右上方有一装饰性图案,将票面置于与眼睛接近平行的位置,面对光源做上下倾斜晃动,可以看到面额数字"50"字样。

(2) 全息磁性开窗安全线：将原磁性微缩文字安全线调整为全息磁性开窗安全线。背面中间偏右有一条开窗安全线，开窗部分可以看到由微缩字符"￥50"组成的全息图案，仪器检测有磁性。

(3) 双色异形横号码：取消原横竖双号码中的竖号码，将横号码改为双色异形横号码。正面左下角印有双色异形横号码，左侧部分为暗红色，右侧部分为黑色。字符由中间向左右两边逐渐变小。

3. 增加以下防伪特征

(1) 白水印：位于正面双色异形横号码下方，迎光透视，可以看到透光性很强的水印"50"字样。

(2) 凹印手感线：正面主景图案右侧有一组自上而下规则排列的线纹，采用雕刻凹版印刷工艺印制，用手指触摸有极强的凹凸感。

4. 取消纸张中的红蓝彩色纤维

略。

5. 其他

背面主景图案下方的面额数字后面增加人民币单位元的汉语拼音"YUAN"，年号改为"2005年"。

三、2005年版第五套人民币20元纸币

（一）2005年版第五套人民币20元纸币与1999年版相同之处

2005年版第五套人民币20元纸币规格、主景图案、主色调、"中国人民银行"行名和汉语拼音行名、面额数字、花卉图案、国徽、盲文面额标记、民族文字等票面特征，固定花卉水印、手工雕刻头像、胶印微缩文字、双色横号码等防伪特征，均与1999年版的第五套人民币20元纸币相同。

（二）2005年版第五套人民币20元纸币与1999年版的区别

1. 调整以下防伪特征

(1) 雕刻凹版印刷：背面主景图案为桂林山水、面额数字、汉语拼音行名、民族文字、年号、行长章等均采用雕刻凹版印刷，用手指触摸有明显凹凸感。

(2) 隐形面额数字：调整隐形面额数字观察角度。正面右上方有一装饰性图案，将票面置于与眼睛接近平行的位置，面对光源做上下倾斜晃动，可以看到面额数字"20"字样。

(3) 全息磁性开窗安全线：将原安全线改为全息磁性开窗安全线。正面中间偏左有一条开窗安全线，开窗部分可以看到由微缩字符"￥20"组成的全息图案，仪器检测有磁性。

2. 增加以下防伪特征

（1）白水印：位于正面双色横号码下方，迎光透视，可以看到透光性很强的水印"20"字样。

（2）胶印对印图案：正面左下角和背面右下角均有一圆形局部图案，迎光透视，可以看到正背面的局部图案合并为一个完整的古钱币图案。

（3）凹印手感线：正面主景图案右侧有一组自上而下规则排列的线纹，采用雕刻凹版印刷工艺印制，用手指触摸有极强的凹凸感。

3. 取消纸张中的红蓝彩色纤维

略。

4. 其他

取消正面原双色横号码下方的装饰性图案；背面主景图案下方的面额数字后面增加人民币单位"元"的汉语拼音"YUAN"；年号改为"2005年"。

四、2005年版第五套人民币10元纸币

（一）2005年版第五套人民币10元纸币与1999年版相同之处

2005年版第五套人民币10元纸币规格、主景图案、主色调、"中国人民银行"行名和汉语拼音行名、面额数字、花卉图案、国徽、盲文面额标记、民族文字等票面特征，固定花卉水印、白水印、全息磁性开窗安全线、手工雕刻头像、胶印微缩文字、胶印对印图案、雕刻凹版印刷、双色横号码等防伪特征均与1999年版的第五套人民币10元纸币相同。

（二）2005年版第五套人民币10元纸币与1999年版的区别

1. 调整隐形面额数字观察角度

正面右上方有一装饰性图案，将票面置于与眼睛接近平行的位置，面对光源做上下倾斜晃动，可以看到面额数字"10"字样。

2. 增加凹印手感线

正面主景图案右侧有一组自上而下规则排列的线纹，采用雕刻凹版印刷工艺印制，用手指触摸有极强的凹凸感。

3. 取消纸张中的红蓝彩色纤维

略。

4. 其他

背面主景图案下方的面额数字后面增加人民币单位"元"的汉语拼音"YUAN"；年号改为"2005年"。

五、2005年版第五套人民币5元纸币

（一）2005年版第五套人民币5元纸币与1999年版相同之处

2005年版第五套人民币5元纸币规格、主景图案、主色调、"中国人民银行"行名和汉语拼音行名、面额数字、花卉图案、国徽、盲文面额标记、民族文字等票面特征，固定花卉水印、白水印、全息磁性开窗安全线、手工雕刻头像、胶印微缩文字、雕刻凹版印刷、双色横号码等防伪特征，均与1999年版的第五套人民币5元纸币相同。

（二）2005年版第五套人民币5元纸币与1999年版的区别

1. 调整隐形面额数字观察角度

正面右上方有一装饰性图案，将票面置于与眼睛接近平行的位置，面对光源做上下倾斜晃动，可以看到面额数字"5"字样。

2. 增加凹印手感线

正面主景图案右侧有一组自上而下规则排列的线纹，采用雕刻凹版印刷工艺印制，用手指触摸有极强的凹凸感。

3. 取消纸张中的红蓝彩色纤维

略。

4. 其他

背面主景图案下方的面额数字后面增加人民币单位"元"的汉语拼音"YUAN"；年号改为"2005年"。

六、真假人民币鉴别方法

（一）识别假币的简便方法

识别人民币纸币真伪通常采用"一看、二摸、三听、四测"的方法。

1. 一看

（1）看水印。第五套人民币各券别纸币的固定水印位于各券别纸币票面正面左侧的空白处，迎光透视可以看到立体感很强的水印。100元、50元纸币的固定水印为毛泽东头像图案；20元、10元、5元纸币的固定水印为花卉图案。

（2）看安全线。第五套人民币纸币在各券别票面正面中间偏左均有一条安全线。100元、50元、10元、5元纸币的安全线，迎光透视，纸币安全线为全息磁性开窗式安全线，即安全线局部埋入纸张中，局部裸露在纸面上，开窗部分分别可以看到由微缩字符"￥100""￥50""￥10""￥5"组成的全息图案，仪器检测有磁性。纸币安全线如图2-24所示。

图 2-24

(3) 看光变油墨。第五套人民币 100 元券和 50 元券正面左下方的面额数字采用光变墨印刷。将垂直观察的票面倾斜到一定角度时,100 元券的面额数字会由绿变为蓝色;50 元券的面额数字则会由金色变为绿色,如图 2-25 所示。

(4) 看票面图案是否清晰,色彩是否鲜艳,对接图案是否可以对接上。第五套人民币纸币的阴阳互补对印图案应用于 100 元、50 元和 10 元券中。这 3 种券别的正面左下方和背面右下方都印有一个圆形局部图案。迎光透视,两幅图案准确对接组合成一个完整的古钱币图案,如图 2-26 所示。

(5) 用 5 倍以上放大镜观察票面,看图案线条、缩微文字是否清晰干净。第五套人民币纸币各券别正面胶印图案中,多处均印有微缩文字,20 元纸币背面也有该防伪措施。100 元微缩文字为"RMB"和"RMB100";50 元为"50"和"RMB50";20 元为"RMB20";10 元为"RMB10";5 元为"RMB5"和"5"字样。

100元人民币光变油墨印刷

50元人民币光变油墨印刷

图 2-25

图 2-26

2. 二摸

(1) 摸人像、盲文点、中国人民银行行名等处是否有凹凸感。第五套人民币纸币各券别正面主景均为毛泽东头像,采用手工雕刻凹版印刷工艺,形象逼真、传神,凹凸感强,易于识别。

(2) 摸纸币是否薄厚适中,挺括度好。

3. 三听

通过抖动钞票使其发出声响,根据声音来分辨人民币的真伪。人民币的纸张具有挺括、耐折、不易撕裂的特点。手持钞票用力抖动、手指轻弹或两手一张一弛轻轻对称拉动,能听到清脆响亮的声音。

4. 四测

用简单仪器进行荧光检测,一是检测纸张有无荧光反映,人民币纸张未经荧光漂白,在荧光灯下无荧光反映,纸张发暗。假币纸张多经过漂白,在荧光灯下有明显荧光反映,纸张发亮。二是人民币有一到两处荧光文字,呈淡黄色,假人民币的荧光文字光泽色彩不正,呈惨白色。

(二) 损伤、残缺人民币的处理

由于某种原因明显缺少了一部分的票币称为残缺人民币。

依据中国人民银行颁布的《残缺人民币兑换办法》的规定,凡残缺人民币属于下列情况之一者,可持币向银行营业部门全额兑换。

(1) 票面残缺部分不超过五分之一,其余部分的图案、文字能照原样连接者。

(2) 票面污损、熏焦、水湿、油浸、变色但能辨别真假,票面完整或残缺不超过五分之一,票面其余部分的图案、文字能照原样连接者。

凡残缺人民币属于下列情况者,可半额兑换:票面残缺五分之一以上至二分之一,其余部分的图案、文字能照原样连接者,应持币向银行营业部门照原面额的半数兑换,但不得流通使用。

凡残缺人民币属于下列情况之一者,不予兑换。

(1) 票面残缺二分之一以上者。

(2) 票面污损、熏焦、水湿、变色不能辨别真假者。

(3) 故意挖补、涂改、剪贴、拼凑、揭去一面者。

不予兑换的残缺人民币由中国人民银行收回销毁,不得流通使用。人民币兑换办法如图 2-27 所示。

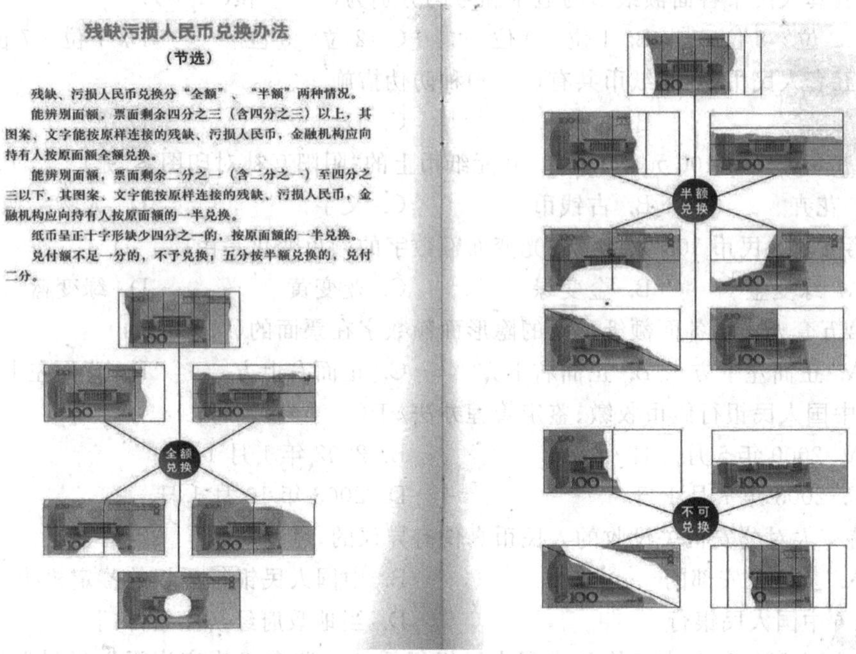

图 2-27

同步训练 人民币的知识训练

【训练目的】 熟悉第五套人民币的票面特征和防伪方法，具备一定的验钞技能。

【训练内容】

一、单项选择题

(1) 人民币是指（　　）依法发行的货币，包括（　　）。
　　A. 中国人民银行　纸币和硬币　　　B. 财政部　纪念币和辅币
　　C. 国务院　纸币和纪念币　　　　　D. 中国人民银行　纸币和纪念币

(2) 中国人民银行于（　　）起在全国陆续发行第五套人民币。
　　A. 1999年10月1日　　　　　　　　B. 2000年1月1日
　　C. 2000年5月1日　　　　　　　　 D. 2002年1月1日

(3) 第五套人民币5元纸币水印中花卉图案是（　　）。
　　A. 菊花　　　　B. 月季花　　　C. 水仙花　　　D. 荷花

(4) 第五套人民币5元纸币的背面主景图案是（　　）。
　　A. 桂林山水　　B. 泰山　　　　C. 长江三峡　　D. 布达拉宫

(5) 第五套人民币5元纸币的主色调为（　　）。
　　A. 紫色　　　　B. 蓝黑色　　　C. 棕色　　　　D. 红色

(6) 第五套人民币10元纸币的背面主景图案是（　　）。
　　A. 桂林山水　　B. 泰山　　　　C. 长江三峡　　D. 布达拉宫

(7) 第五套人民币各面额纸币的冠字和号码分别为（　　）和（　　）。
　　A. 2位　8位　　B. 1位　9位　　C. 2位　6位　　D. 1位　7位

(8) 第五套人民币50元纸币共有（　　）种防伪措施。
　　A. 10　　　　　B. 9　　　　　 C. 12　　　　　D. 8

(9) 第五套人民币100元、50元和10元纸币上的"阴阳互补对印图案"是（　　）。
　　A. 花卉　　　　B. 古钱币　　　C. 文字　　　　D. 人物头像

(10) 第五套人民币100元纸币的光变面额数字的颜色变化是由（　　）。
　　A. 绿变金　　　B. 金变绿　　　C. 蓝变黄　　　D. 绿变蓝

(11) 第五套人民币各面额纸币上的隐形面额数字在票面的（　　）。
　　A. 正面左下方　B. 正面右下方　C. 正面右上方　D. 背面左上方

(12)《中国人民银行假币收缴、鉴定管理办法》于（　　）起施行。
　　A. 2000年5月1日　　　　　　　　B. 2002年1月1日
　　C. 2003年7月1日　　　　　　　　D. 2003年10月1日

(13) 持有人对公安机关没收的人民币真伪有异议的，可以向（　　）申请鉴定。
　　A. 上级公安部门　　　　　　　　　B. 中国人民银行授权的鉴定机构
　　C. 中国人民银行　　　　　　　　　D. 当地政府经济主管部门

(14) 中国人民银行分支机构和中国人民银行授权的鉴定机构应当无偿提供鉴定货币真伪的服务，鉴定后应出具中国人民银行统一印制的（　　），并加盖货币鉴定专用章和鉴定人名章。
A. 假币没收收据　　　　　　B. 货币真伪鉴定书
C. 假币收缴凭证　　　　　　D. 没有正确的答案

(15)《中国人民银行假币收缴、鉴定管理办法》由(　　)负责解释。
A. 国务院　　　　　　　　　B. 全国人大常委会
C. 中国人民银行　　　　　　D. 以上均是

(16) 中国人民银行授权的鉴定机构不得拒绝受理(　　)和(　　)提出的货币真伪鉴定申请。
A. 持有人　公安机关　　　　B. 中国人民银行　金融机构
C. 持有人　金融机构　　　　D. 中国人民银行　公安机关

(17) 中国人民银行授权的鉴定机构应当在营业场所公示(　　)。
A. 假币管理条例　　　　　　B. 货币真伪鉴定书
C. 中国人民银行授权书　　　D. 没有正确的答案

(18) 中国人民银行分支机构和中国人民银行授权的鉴定机构鉴定货币真伪时,应当至少有(　　)名鉴定人员同时参与。
A. 2　　　B. 3　　　C. 4　　　D. 5

(19) 金融机构收缴假币时,对(　　)及(　　),应当面以统一格式的专用袋加封,并在封口处加盖(　　)字样戳记。
A. 假人民币纸币　各种假硬币　假币
B. 假外币纸币　各种假硬币　送鉴定
C. 假外币硬币　假人民币硬币　送鉴定
D. 假外币纸币　各种假硬币　假币

(20) 对盖有"假币"字样戳记的人民币纸币,经鉴定为假币的,由(　　),并向收缴单位和持有人开具《货币真伪鉴定书》和(　　)。
A. 鉴定单位代保管　《假币收缴凭证》
B. 鉴定单位予以没收　《假币没收收据》
C. 鉴定单位予以没收　《假币收缴凭证》
D. 持有人收回　《假币没收收据》

(21) 持有人对被收缴货币的真伪有异议,可以自收缴之日起3个工作日内持(　　)直接或通过收缴单位向中国人民银行当地分支机构或中国人民银行授权的当地鉴定机构提出书面鉴定申请。
A. 假币实物收据　　　　　　B. 货币真伪鉴定书
C. 假币收缴凭证　　　　　　D. 没有正确的答案

二、多项选择题

(1) 金融机构在收缴假币过程中发现(　　)情况,应当立即报告公安机关。
A. 一次性发现假人民币20张(枚)以上的
B. 一次性发现假外币10张(枚)以上的
C. 属于利用新的造假手段制造假币的
D. 有制造、贩卖假币线索的,持有人不配合金融机构收缴行为的

(2) 对于金融机构发现假币不予收缴的行为,中国人民银行要对其进行处罚,涉及假人民币的,对金融机构处以(　　)元以上(　　)元以下罚款;涉及假外币的,处以 1,000 元以下的罚款。

  A. 1,000　　　　B. 5 万　　　　C. 4 万　　　　D. 3 万

(3) 中国人民银行授权的鉴定机构拒绝受理持有人、金融机构提出的货币真伪鉴定申请的,由中国人民银行给予(　　)和(　　),同时责成金融机构对相关主管人员和其他直接责任人给予(　　)。

  A. 通报　　　　B. 警告　　　　C. 罚款　　　　D. 相应纪律处分

(4) 目前市场上伪造的人民币主要是通过(　　)手段制造的假人民币。

  A. 拓印　　　　B. 复印　　　　C. 机制胶印　　　　D. 手工绘制

(5)《中国人民银行假币收缴、鉴定管理办法》所称货币指(　　)和(　　)。

  A. 人民币　　　　B. 外币　　　　C. 纸币　　　　D. 硬币

(6) 假币收缴专用袋上应标明(　　)等几项内容。

  A. 收缴人　　　　B. 券别　　　　C. 面额　　　　D. 收缴单位

(7) 中国人民银行授权有权办理人民币真伪鉴定业务的金融机构是(　　)。

  A. 浦东发展银行　　　　　　　　B. 中国工商银行
  C. 深圳发展银行　　　　　　　　D. 中国银行

(8) 持有人对中国人民银行分支机构做出的有关鉴定假币的具体行政行为有异议,可在收到(　　)或(　　)之日起 60 个工作日内向其上一级机构申请行政复议,或依法提起行政诉讼。

  A. 假币收缴凭证　　　　　　　　B. 货币真伪鉴定书
  C. 货币没收收据　　　　　　　　D. 银行鉴定通知

(9) 下列人民币中不得流通的是(　　)。

  A. 不能兑换的残缺、污损的人民币　　　　B. 停止流通的人民币
  C. 流通纪念币　　　　　　　　　　　　　　D. 第五套人民币

(10) 假币收缴必须遵循的操作程序是(　　)。

  A. 两名以上业务人员收缴
  B. 在持有人视线范围内当面收缴
  C. 加盖"假币"章或用专用袋加封
  D. 将盖章后的假币退持有人

技能 5　财务数字的书写

技能要求

- ☑ 掌握财务工作对阿拉伯数字书写的要求
- ☑ 能按要求准确书写阿拉伯数字
- ☑ 能写出规范的中文大写数字
- ☑ 能完成大小写金额的相互转换

数码字的书写是财务工作人员的一项基本技能,必须与计算技术同样重视,认真练习。要做好财会工作,不单纯是"算",还有一个重要的方面,那就是"写",俗话说"能写会算"。在"写"这方面,除了对文字书写的要求之外,还要求数字的书写达到规范化,书写错了也必须按更正规则进行更正,切不能随意涂改。在财会工作中,常用的数字有阿拉伯数字和中文大写数字两大类。

一、阿拉伯数字的书写规定

阿拉伯数字有 1、2、3、4、5、6、7、8、9、0 这十个数字,是世界各国通用的数字。

1. 书写要与数位相结合

写数时,每一个数字都要占有一个位置,每一个位置表示各种不同单位,数字所在的位置表示的单位称为"数位"。数位按照个、十、百、千、万的顺序由小到大、从右到左排列,写数和读数的习惯顺序是由大到小、从左到右。

阿拉伯数字在书写时是与数位结合在一起的。书写的顺序是由高位到低位、从左到右依次写出各位数字,如图 2-28 所示。

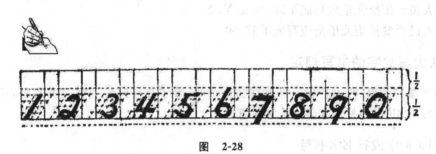

图 2-28

2. 书写的基本要求

(1) 笔画顺序自上而下、先左后右,要一个一个地写,不得连笔,以免分辨不清。
(2) 每个数字必须紧靠底线书写,数字高度占表格高度的 1/2,为订正数字留有余地。
(3) 数字书写一律自右上方向左下方倾斜,大致与底线成 45°~60°。
(4) "4"的顶部不封口,两斜线竖成平行线。
(5) "6"要比一般数字向右上方长出 1/4,"7"和"9"要向左下方过底线长出 1/4。
(6) "0"要封口,呈椭圆形,不要太小。

3. 采用三位分节制

使用分节号能够较容易辨认数的数位,有利于数字的书写、阅读和计算工作。数的整数部分采用国际通用的"三位分节制",从个位开始向左每三位数用分节号","分开。例如:
82,050,564
带小数的数,应将小数点记在个位与十分位之间的下方。例如:
1,047.56
一般账表凭证的金额栏印有分位格,元位前每三位印一粗线代表分节号,元位与角位之间的粗线则代表小数点,记数时不要再另加分节号或小数点。

4. 人民币符号的使用

"￥"是拼音"yuan"的缩写,￥既代表了人民币的币制,又表示了人民币"元"的单位,所以小写金额前填写"￥"后,数字之后不用再写"元"了。

例：￥8,300.05 表示人民币捌仟叁佰元零伍分

书写时在"￥"与数字之间不能留空,以防止金额数字被人涂改。书写人民币符号"￥",尤其是草书写"￥"要注意与 7、9 有所区别。在登记账簿、编制报表时不能使用"￥",因为账簿、报表不存在金额数字被涂改而造成损失的情况,在账面或报表上如果使用"￥"符号,反而会增加错误的可能性。

5. 关于角、分的写法

在无金额分位格的凭证上,所有以元为单位的阿拉伯数字,除表示单价等情况外,一律写到角分,无角分的,角位和分位可写"00",或符号"—";有角无分的,分位应写"0",不能用其他符号代替。

例：人民币伍拾元整应写成￥50.00 或￥50.—；
　　人民币叁拾柒元伍角应写成￥37.50。

二、中文大写数字的书写规定

我们在填写发票、收付款凭证等单据的金额时,除了要用阿拉伯数字书写外,还要用到中文大写数字,其目的是为了防止数字被篡改。

1. 用正楷字或行书字书写

汉字书写大写金额数字一律用正楷字或行书字书写。如壹、贰、叁、肆、伍、陆、柒、捌、玖、拾、佰、仟、万、亿、圆(元)、角、分、零、整(正)等易于辨认、不易被涂改的字样,不能用"一、二、三、四、五、六、七、八、九、十、园"等字样代替。

2. "人民币"与数字之间不能留有空位

有固定格式的重要单证,大写金额栏一般都印有"人民币"字样,数字应紧接在"人民币"后面书写,中间不得留空,大写金额栏没有印好"人民币"字样的,应加填"人民币"三字。

3. "整(正)"字的用法

汉字大写金额数字到"圆"为止的,在"圆"字之后应写"整"字,汉字大写金额数字有"角、分"的,"角、分"字后面不写"整"字。

4. 有关"零"的写法

阿拉伯金额数字有"0"时,汉字大写金额应怎样书写呢？这要看"0"所在的位置,对于数字尾部的"0",不管是一个还是连续几个,汉字大写到非零数位后,用一个"整"字结尾,都不需用"零"来表示。现举例说明如下。

(1) 阿拉伯金额数字中间有"0"时,汉字大写金额要写"零"字。如"￥204.76",汉字大写金额应写成"人民币贰佰零肆元柒角陆分"。

(2) 阿拉伯金额数字中间连续有几个"0"时,汉字大写金额可以只写一个"零"字。如"￥7,008.13",汉字大写金额应写成"人民币柒仟零捌元壹角叁分"。

(3) 阿拉伯金额数字元位是"0",或者数字中间连续有几个"0",元位也是"0",但角位不是"0"时,汉字大写金额中可以只写一个"零"字,也可以不写"零"。如"￥4,380.52",汉字大写金额应写成"人民币肆仟叁佰捌拾元零伍角贰分"或者写成"人民币肆仟叁佰捌拾元伍角贰分"。

(4) 阿拉伯金额数字角位是"0"而分位不是"0"的,汉字大写金额元字后面应写"零"。如"￥245.03",汉字大写金额应写成"人民币贰佰肆拾伍元零叁分"。

5. 壹拾几的"壹"字不得遗漏

关于壹拾几的"壹"字,在书写汉字大写金额数字中不能遗漏。我们平时口语习惯"拾几""拾几万",但"拾"字仅代表数位,不是数字。如"￥315.76"汉字大写金额应写成"人民币叁佰壹拾伍元柒角陆分";又如"￥150,000.00",应写成"人民币壹拾伍万元整"。

同步训练 财务数字的书写训练

【训练目的】
(1) 通过本训练,帮助学生掌握财务数字书写的要求,练出一手好数字。
(2) 掌握大小写金额的转换。

【训练用品】 数码书写纸。

【训练内容】
(1) 每天书写一页阿拉伯数字。
(2) 大小写金额的转换。

【训练指导】
(1) 明确财务数字书写要求,书写阿拉伯数字。
(2) 指导学生进行大小写金额转换。

一、规范书写 0 至 9 十个阿拉伯数字

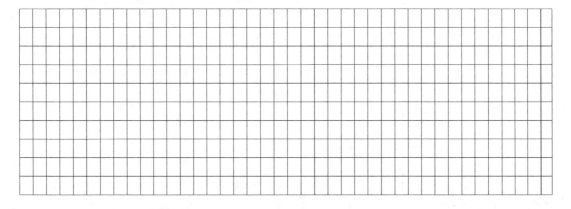

二、小写金额转换成大写金额练习

¥32,467.89	¥64,870.02	¥571,328	¥4,932.60	¥901,800.09
¥62,000.34	¥914.30	¥4,306.02	¥5,008.69	¥870.07

三、大写金额转换成小写金额练习

人民币陆佰捌拾元整	人民币捌仟叁佰伍拾元柒角	人民币伍仟零捌元陆角玖分	人民币伍佰捌拾元零角肆分	人民币叁拾陆万玖仟元零贰角
人民币柒佰伍拾元整	人民币捌万零捌佰零捌元零伍分	人民币壹佰捌拾元整	人民币壹拾陆元整	人民币柒仟壹佰捌拾元壹角壹分

项目 3

翻打传票技能和计算器的应用

翻打传票是根据一沓整理好的同类票据上的某个特定数据进行统计的技能。一般来说,翻打传票是需要左右手配合完成的,一只手(以下简称翻票手,一般是左手)负责翻票,另一只手(以下简称录入手,一般是右手)使用计算机键盘或者电子计算器进行数据的录入和运算。

目前,翻打传票技能不但成为各大财务类岗位的"就业门槛",同时各种相关赛事也在金融企业和各院校中举行,充分说明了这项技能的实用性、通用性和重要性。

技能 1 数字录入训练

技能要求
- ☑ 养成良好的坐姿习惯。
- ☑ 熟知按键功能和正确指法。
- ☑ 掌握数字的盲打输入。
- ☑ 掌握票据整理、摆放、找页和翻页的方法。
- ☑ 掌握翻打传票技能的操作流程。

训练一项实用技能,收获的不止一项技能。翻打传票的训练是从数字录入训练开始的,这项技能不仅能为翻打传票技能打好基础,还能对文字录入技能和键盘的熟练使用起到重要作用。

在学习数字录入技能时,通过坐姿、熟悉按键功能和指法几方面先做好录入手的训练。录入手的最快速度决定着翻打传票的最高速度,这就像是搭架子种葡萄,架子多高,葡萄藤就能爬多高,但葡萄藤一旦超过了架子的高度,就变得很不稳定也很难再攀高了。所以,不论在翻打传票入门期还是提高期,都应该坚持录入手的训练,这是提高翻打传票技能的重要保障。

一、正确坐姿

如图 3-1 所示,请讨论图中坐姿有哪些不妥之处?除了这些错误,还有哪些错误是经常出现的?

图 3-1

从图 3-1 可以看出,不良坐姿影响着人们的健康和外貌。正确的坐姿不仅对提高录入速度起着重要作用,还能减轻疲劳。正确的坐姿如下。

(1) 挺:相对上身要保持挺胸昂头,肩部放松,腰背不要弯曲。

(2) 垂:小臂与手腕略向上倾斜,手腕平直,两肘微垂,轻轻贴于腋下,手指弯曲自然适度,轻放在键盘上。

(3) 平:屏幕显示区域位于视线以下 10°~20°,近似平视,目光可适当向下,身体与屏幕的距离以看清字符为佳。

(4) 松:手掌以手腕为轴略向上抬起,手指略弯曲,自然下垂,形成勺状。

(5) 悬:打字时手腕要悬空,击完键后手指要立即回到初始位置。即使因敲击速度加快,没有时间放回初始位置,也应保持手型在初始位置附近。

(6) 击:击键的力度要适中。各指分工明确,各司其职。击键时主要靠手指和手腕的灵活运动,敲击键盘要有节奏,不要靠整个手臂的运动来找键位。

注意:在后面的翻打传票过程中,由于传票一般在比显示屏更靠近身体的桌面,所以需低头查看,所以身体与键盘距离要稍远一些,保持上身挺、目光平,上身可以整体稍前倾。

正确坐姿如图 3-2 所示。

二、认识数字键区

数字键区又称为小键盘区或副键盘区,主要用于数字集中录入,如图 3-3 所示。

图 3-2　　　　　　　　　　　图 3-3

该区的大部分按键具有双重功能:一是代表数字和小数点;二是代表某种编辑功能。利用该区左上角的 Num Lock(数码锁定)键可在这两种功能之间进行转换。除此之外,还有

Num Lock(数码锁定)、Caps Lock(大写锁定)和 Scroll Lock(滚动锁定)3 个指示灯,它们用来显示当前对应的锁定功能是否被启用。

三、认识盲打指法

数字键区是用来集中输入数据和进行数据统计的,所以要提高工作效率,需要对该区域的布局和指法熟练掌握,以盲打为目标设置对应的训练内容。

使用数字键区一般只能用右手操作,按照右手习惯,每个手指都有分工。图 3-4 所示为指法分工示意图。

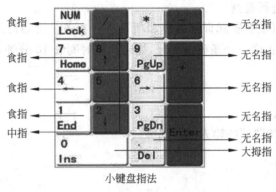

小键盘指法

图 3-4

通常规定右手的食指、中指、无名指和小指依次位于第三排的"4""5""6""Enter"基准键上。其中"5"键上有一个小突起,是用来定位的。当准备操作小键盘时,手指应轻轻放在相应的基准键上,敲击完其他键后,应尽量回到基准键上。

要提高数字的录入速度,各手指负责的按键有严格的分工。"Num Lock""7""4""1"这4 个键由右手食指控制;"/""8""5""2"这 4 个键由右手中指控制;"*""9""6""3""."这 5 个键由右手无名指控制;"-""+""Enter"这 3 个键由右手小拇指控制;"0"键由右手大拇指控制。

同步训练 数字盲打

【训练目的】 通过本训练,掌握数字的盲打输入技能。
【训练用品】 计算机或录入技能练习机。
【训练内容】
(1) 基准键的输入。
(2) 横排组合数字的输入。
(3) 竖排组合数字的输入。
(4) 拇指与其他手指组合数字的输入。
(5) 综合输入。

【训练目标】 给数字录入训练设定了两个标准,划分出 3 个训练阶段,每个阶段给出了一个称号:"数字学徒""数字小成"和"数字大成"。

两个标准分别是:150 字符/分钟和 220 字符/分钟。

"数字学徒"阶段:录入速度不到 150 字符/分钟。熟悉按键位置,首要做到盲打,其次是准确率,速度并不太重要。

"数字小成"阶段:速度在 150~220 字符/分钟。有节奏,可保持一定的录入速度,除了做到盲打以外,首先是准确率,其次是速度。

"数字大成"阶段:速度在 220 字符/分钟以上。已能胜任多数数字录入工作,此时可以尝试寻找自己的弱点进行提高。

以上阶段目标可以根据实际训练内容和项目进行参考。比如使用 13 位商品条码作为录入训练内容,每录入正确一个条码给 1 分,如果训练时间为 10 分钟,那么两个标准可转换为 110 分和 160 分。

【训练指导】

一、基准键的输入

任务目的:对"4""5""6"的输入进行训练。

任务要求:

(1)坐姿正确。

(2)指法正确,盲打。

(3)输入要求 100%正确,做到先准确再提速,不能急于求成。

(4)敲击要有节奏,指尖抬起幅度在 1 厘米以内,不要幅度过大,不要翘手指。

时间安排:一周时间,45 分钟/天。

训练内容:训练内容见表 3-1。

表 3-1

1组	444,444	555,555	666,666	454,545	464,646	545,454	565,656
2组	646,464	656,565	456,456	654,654	465,465	546,546	564,564
3组	645,645	456,465	546,564	645,654	456,546	564,654	465,645
4组	444,664	664,646	455,455	545,666	666,655	545,656	656,456
5组	455,664	666,556	665,545	666,546	554,565	556,455	454,446
6组	555,466	645,545	465,544	644,466	566,554	556,555	446,555
7组	445,564	666,546	445,554	545,464	665,545	656,664	654,444
8组	544,445	446,666	544,544	545,455	644,656	465,456	666,546
9组	644,454	654,664	644,654	544,454	455,464	465,566	444,556
10组	445,645	545,544	565,666	655,445	444,466	445,644	544,566
11组	555,544	656,645	544,565	656,544	545,645	445,665	455,456
12组	464,446	544,644	664,555	556,455	665,466	446,544	455,554
13组	645,445	556,456	664,556	446,655	655,454	656,456	565,546

续表

14 组	465,555	555,554	654,666	666,456	566,444	544,556	556,556
15 组	645,565	656,454	545,655	654,664	455,654	665,644	466,446
16 组	566,465	644,465	546,656	454,645	465,565	556,456	664,445
17 组	666,645	666,645	665,666	546,544	654,654	554,464	566,446
18 组	656,654	645,446	455,646	464,445	645,464	455,656	464,644
19 组	645,554	545,544	554,444	646,646	665,455	455,646	544,555
20 组	646,546	665,646	655,444	564,555	664,644	566,666	646,454
21 组	656,554	546,654	456,446	456,465	566,454	644,645	644,644
22 组	655,544	655,554	554,656	666,544	544,645	645,666	666,656
23 组	445,664	465,666	456,564	546,454	555,466	554,645	465,645
24 组	446,544	565,646	654,545	556,465	545,454	566,546	554,545
25 组	464,646	466,564	646,664	646,554	464,455	655,566	656,656
26 组	564,444	466,445	465,565	556,666	444,665	545,466	554,445
27 组	644,455	465,646	646,545	466,664	464,645	666,646	666,645
28 组	465,446	456,456	445,666	555,664	456,654	644,655	656,555
29 组	555,546	564,455	556,554	566,455	656,656	444,455	646,655
30 组	556,464	655,465	546,446	645,646	645,465	646,466	544,464

二、横排组合数字的输入

任务目的：对"123""456""789"的输入进行训练。

任务要求：

(1) 坐姿正确。

(2) 指法正确，盲打。

(3) 敲击要有节奏，指尖抬起幅度在1厘米以内，不要幅度过大，不要翘手指。

时间安排：一周时间，45分钟/天。

训练内容：录入9个数字"123,456,789"的连续相加，即"123,456,789＋123,456,789＋……＋123,456,789"，如果最后结果是"1,234,567,890"，则输入正确，统计正确次数看看是否有进步。（同样方法，也可以对"987,654,321"进行计算。）

三、竖排组合数字的输入

任务目的：对"147""258""369"的输入进行训练。

任务要求：

(1) 坐姿正确。

(2) 指法正确，盲打。

(3) 敲击要有节奏，指尖抬起幅度在1厘米以内，不要幅度过大，不要翘手指。

时间安排：一周时间，45分钟/天。

训练内容：录入 9 个数字和小数点"1,472,583.69"的连续相加，即"1,472,583.69＋1,472,583.69＋……＋1,472,583.69"，如果最后结果是"14,725,836.9"，则输入正确，统计正确次数看是否有进步。（同样方法，也可以对"9,638,527.41"进行计算。）

四、拇指与其他手指组合数字的输入

任务目的：对"0"分别与"147""258""369"的组合数字进行输入训练。

任务要求：

（1）坐姿正确。

（2）指法正确，盲打。

（3）敲击要有节奏，指尖抬起幅度在 1 厘米以内，不要幅度过大，不要翘手指。

时间安排：一周时间，45 分钟/天。

训练内容：

（1）按指法规则进行拇指、食指键的输入练习，见表 3-2。

表 3-2

1 组	401,477	070,747	010,070	070,074	000,010	700,170	000,401
2 组	070,400	000,071	011,077	000,000	707,707	000,071	071,707
3 组	701,714	140,040	000,711	017,010	000,447	470,441	000,010
4 组	074,040	011,041	100,000	704,700	070,110	700,007	017,714
5 组	000,700	100,071	744,000	007,771	070,070	040,001	701,014
6 组	170,000	004,444	000,744	444,407	711,000	000,147	710,007
7 组	000,040	470,077	400,700	070,011	014,401	004,104	004,001
8 组	700,040	077,044	110,070	400,000	007,400	014,700	000,070
9 组	041,747	101,140	000,070	070,000	100,400	000,047	770,070
10 组	700,700	000,111	701,004	004,700	444,100	140,104	000,004

（2）按指法规则进行拇指、中指键的输入练习，见表 3-3。

表 3-3

1 组	520,525	585,022	028,080	050,002	800,582	080,855	055,050
2 组	200,228	008,002	520,500	822,505	000,550	088,208	800,000
3 组	850,082	005,505	008,200	085,080	500,800	820,250	820,502
4 组	808,802	588,025	885,008	002,000	825,002	005,008	525,220
5 组	002,502	252,008	800,585	055,552	800,208	200,800	002,200
6 组	500,000	005,850	020,585	205,250	220,200	028,502	005,000
7 组	282,008	000,508	280,005	002,800	520,805	000,005	000,008
8 组	805,002	085,080	200,000	285,085	500,200	000,000	025,200
9 组	028,250	000,880	050,005	020,080	582,020	085,220	055,585
10 组	505,202	528,000	000,020	800,080	500,550	000,080	002,020

(3) 按指法规则进行拇指、无名指键的输入练习,见表3-4。

表 3-4

1组	0,006.30	3,033.00	0,990.90	0,006.00	9,063.03	3,000.30
2组	0,000.66	0,900.00	3,309.09	3,006.63	6,030.30	6,363.30
3组	6,900.33	3,009.30	0,000.03	6,300.09	9,063.63	6,900.00
4组	0,300.30	0,039.33	0,366.00	9,333.93	9,000.30	9,693.30
5组	0,006.90	3,090.06	9,930.06	6,963.09	0,090.00	3,060.60
6组	9,366.06	9,363.00	0,039.30	9,630.00	0,306.30	0,030.03
7组	0,096.06	0,900.09	0,600.30	9,309.60	0,360.09	9,906.30
8组	6,060.09	0,900.33	0,000.00	0,003.00	6,000.60	9,609.06
9组	9,096.30	9,690.00	3,006.90	0,000.60	9,906.66	3,900.00
10组	9,000.90	0,306.36	0,396.00	6,000.69	0,906.00	3,909.90

五、综合输入

任务目的:按指法规则进行综合训练。

任务要求:

(1) 坐姿正确。

(2) 指法正确,盲打。

(3) 敲击要有节奏,指尖抬起幅度在1厘米以内,不要幅度过大,不要翘手指。

时间安排:四周时间,45分钟/天。

训练内容:

(1) 加百子练习。使用计算机中的计算器,输入"1+2+3+……+100",看结果是否等于5,050。

(2) 减百子练习。使用计算机中的计算器,先输入5,050,再输入"-1-2-……-100",看是否归0。

(3) 混合数字输入练习。分别对"159""357""13,579""24,680"进行连加10次再连减10次的训练,看结果是否能够归0。

(4) 9位传票数据输入练习,见表3-5。

表 3-5

1组	9,275,860.96	3,269,604.61	7,646,428.61	3,248,898.78
2组	2,507,213.06	3,618,893.29	2,257,959.22	6,809,309.65
3组	1,467,141.81	5,513,676.46	9,223,605.54	8,681,662.29
4组	7,852,618.86	5,811,934.18	9,750,682.01	4,585,555.91
5组	9,343,980.44	2,444,237.65	1,368,765.35	1,089,366.36
6组	8,816,614.22	4,379,402.92	1,698,684.34	1,324,272.25
7组	3,110,203.56	7,835,725.53	3,277,683.15	1,222,303.95
8组	8,951,198.64	9,804,602.59	5,028,311.64	5,943,218.15
9组	4,939,818.07	6,049,474.32	1,864,253.53	5,853,153.11

续表

10组	4,722,831.37	2,577,964.53	1,774,480.61	9,967,061.94
11组	5,828,151.83	7,810,291.59	7,753,323.23	7,275,955.09
12组	7,997,463.75	7,690,468.38	5,187,805.27	8,410,859.13
13组	9,327,429.56	1,408,604.69	3,602,134.23	2,578,035.09
14组	1,327,737.54	6,051,633.67	5,496,799.04	7,963,485.03
15组	1,658,714.36	6,503,346.92	9,402,979.31	6,559,040.55
16组	2,843,100.68	8,849,705.91	8,850,204.16	2,824,773.44
17组	9,166,640.33	3,243,294.63	6,391,527.95	9,102,081.26
18组	2,927,149.94	2,928,172.82	7,493,162.22	8,114,558.63
19组	4,181,976.16	1,623,645.04	4,471,163.61	5,043,175.72
20组	7,304,629.55	1,607,480.51	6,188,866.77	8,100,639.36
21组	3,732,287.24	9,807,794.46	3,335,606.34	6,474,176.08
22组	6,776,111.62	9,121,959.16	4,556,978.23	5,155,896.04
23组	4,580,083.45	9,968,152.78	5,279,600.41	6,842,551.21
24组	3,783,643.48	3,137,156.92	5,367,453.83	7,209,275.29
25组	6,990,389.49	9,770,415.76	2,565,243.92	2,834,091.39

技能 2 翻传票训练

通过数字录入的训练锻炼出了录入手的敲击感觉,同时为与数字录入相关的技能训练打好了基础。下面就针对本项目的翻打传票技能训练翻票手。

在学员进入"数字小成"阶段时,就可以开始翻票练习了,但这并不意味着数字录入训练可以停止了,在达到"数字大成"阶段之前继续加油吧。

一、传票的整理和摆放

图 3-5 所示为传票练功券。它有 100 页,每页分为正反面、左右共 A、B、C、D 4 组数字,每组分为"(一)"至"(五)"五行,共计 2,000 个练习数字。数字均有 2 位小数,整数部分最多 7 位,所以叫作九位传票。

拿到手的练功券为了确保不散乱丢失,都会用皮筋捆在一起,在训练前需要检查有无缺页、重页、数码不清、错行、印刷方向错误等,如发现有问题要及时更换。

(一) 整理传票

整理传票即将传票捻成扇形,使每张传票自然松动、不会出现粘在一起的情况,以便翻阅更加

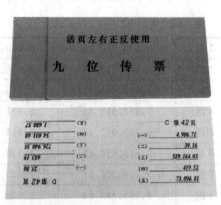

图 3-5

便捷。在理票之前请准备好两个夹子方便固定。步骤如下。

(1) 找到准备练习的组别,正面朝上正对自己摆放。

(2) 双手拇指放在传票正面,其余八指放在背面,其中左手拇指捏住传票右上方,右手拇指捏住右下方,这样传票被逆时针 90°拿起。

(3) 左手拇指从正面左侧向右推,右手食指从背面向左推,这样就推出了一个扇形。

(4) 把传票顺时针 90°摆正,用一个夹子夹在左上角,固定扇形,便于翻票也避免散乱。

整理好的传票如图 3-6 所示。

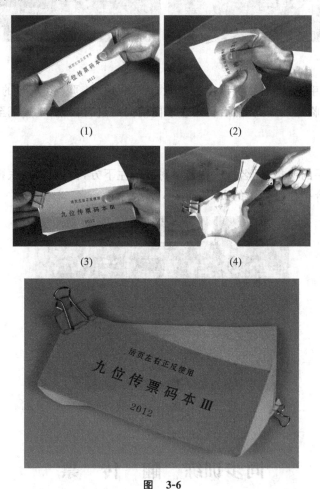

图 3-6

(二)摆放传票

整理好传票后,应根据录入手摆放位置选择翻票查看较舒服的位置,贴近算具,以便查看,如图 3-7 所示。

二、传票的找页

找页的动作快慢、准确与否,直接影响传票翻打的准确与速度。找页是传票翻打的基本功之一,必须加强练习。

图 3-7

找页的关键是手感,即对纸页厚度的感觉,如 10 页、20 页、30 页等的厚度,做到仅凭手感就可以一次翻到临近的页码,然后再用左手向前向后进行调整,迅速翻至指定页码。

三、传票的翻页

翻页时,将左手的小指、无名指放在传票封面的左下方,食指、拇指去捏每页右下角进行翻页,然后中指配合挡住已翻过的页,如图 3-8 所示。

图 3-8

同步训练 翻 传 票

【训练目的】 通过本训练,掌握传票练功券的使用方法。
【训练用品】 丙丁传票练功券或九位传票练功券。
【训练内容】
(1) 找页。
(2) 翻页。
【训练目标】 翻传票训练并不是一项易考核的项目,有时与自己的感觉与状态有很大关系。

【训练指导】

一、找页

任务目的：快速准确地找到每题的起始页,提高传票翻打的准度和速度。

任务要求：

(1) 能准确把握纸页的厚度,如：10 页、20 页、30 页、50 页等。

(2) 迅速准确找到起始页数。

时间安排：一周时间,不少于 1 小时/天。

训练内容：训练形式灵活多样,进行竞赛、测试都可以。

(1) 单页找页竞赛

采取两两一组比赛,通过淘汰制,最后评出课堂"无敌手"。找页码可以由老师统一报出,也可以由结对学员互报。参照表 3-6 所示登记成绩进行评比。

表 3-6

比赛阶段	差值1	差值2	差值3	差值4	差值5	总差值
初赛						
小组赛						
半决赛						
决赛						

每轮比赛步骤如下。

① 由教师或学生在课前准备好如表 3-6 所示表格,学生写好姓名。

② 每轮比赛前交于对手计分。

③ 由教师或学生相互报页数,在找到某页查看后,不得再修正。

④ 由对手查看后,计算出与指定页码的差值(不计正负),记录在表中。

⑤ 通过 5 次找页计算差值和,值少的人晋级;如相同,加赛一轮定输赢。

(2) 多页找页竞赛

可采取教师或学生代表指定一组页码,学生采用计时找页的方法进行竞赛。

最快找出所有指定页的为获胜者。

例如：

升序找页——3、15、24、37、43、54、69、74、88、96……

乱序找页——2、16、25、65、32、12、49、78、9、51……

二、翻页

任务目的：翻票手连贯、快速、准确翻页,提高翻页技巧。

任务要求：

(1) 票页不易翻得过高,角度适宜,可看清数据即可。

(2) 左手翻页应保持连贯。

时间安排：一周时间,不少于 1 小时/天。

训练内容：由于翻票在两种情况下使用较多,所以分别进行针对性训练。

(1) 单张翻页

在翻打传票中,需要录入一个数据翻一张票,所以先进行单张票的翻票练习。

练习时注意练习要求,不要幅度太大,每翻一张对应录入一个数字,让双手熟悉配合。

(2) 多张翻页

在找页后可能存在差几页的情况,如果能一次性快速翻到起始页,会大大提高找页时间。

一般在进行找页训练后,都能控制在距起始页 5 页以内,所以可以分别练习 2 页、3 页、4 页、5 页的翻页。开始可以看着票张来翻,但随着熟悉程度的提高可以尝试盲翻。

技能 3　翻打传票训练

通过前面两项技能的训练,我们做好了学习翻打传票的准备工作。下面对翻打传票技能进行讲解和训练指导。如果没有达到"数字大成"水平或者没有能够在第一时间找到起始页,那么前面的训练是有必要坚持下去的,"磨刀不误砍柴工"。

一、传票录与传票算

在本项目的开始,已经给大家简单介绍过了翻打传票的方式和意义。这是一项重要的技能,很多技能在信息化的今天已经可以被取代了,而翻打传票在对票据的整理统计过程中是不可替代的工作,所以,这一技能应作为大家优先掌握和提高的看家本领。

常用的翻打传票的方法有以下两种。

(一) 传票录

对于给定的数据进行录入操作,即每次输入数据后按回车键确认,以此类推。这种输入主要用在纸质数据转化成信息化数据时使用。

例:先用 Excel 表格软件制作表 3-7,再将以下数据录入表格中。

表 3-7

姓名	工龄	工资	补贴
小明			
小红			
小刚			
小英			
悟空			
悟能			
悟净			

姓名	工龄	工资	补贴
小明	21	34.32	64.24
小红	5	982.12	25.65

小刚	14	43.56	114.45
小英	4	929.29	323.53
悟空	514	124.12	4.32
悟能	471	342.19	43.01
悟净	385	58.72	44.63

在平常有很多这种数据信息化的工作,这个例子就属于传票录入的范畴。我们发现,每个人(同一行)的数据可能有所不同,但是同一类(同一列)数据的类型和格式是相似的。所以,一般采用竖排录入的方式来输入数据。每输入一个数据,都要按回车键进行确认和切换输入单元格。

(二) 传票算

对于同类票据的特定数据进行统计汇总时的操作,即每次输入数据后按"+"(或其他需求运算符)将各个数据汇总,最后计算出汇总数据。这项工作更贴近实际,要求更高,难度更大,应用更广。

在计算过程中,前面的数据输入后是用"+"号确认的,最后一个数据(九月利润)按回车键确认,得出最终结果。

例:将表 3-8 中的数据按要求计算并填写结果。

表 3-8

月　份	一分店	二分店	三分店	四分店
一月利润	1,364,645.56	2,932,745.41	1,965,857.96	7,513,893.85
二月利润	925,546.91	5,639,239.06	4,743,793.97	3,792,801.26
三月利润	965,356.02	4,920,443.71	1,003,790.48	3,792,689.85
四月利润	435,625.65	3,554,320.16	1,706,575.75	3,554,320.16
五月利润	992,563.91	2,731,879.63	9,150,183.75	2,731,879.63
六月利润	1,535,629.59	1,302,677.06	8,617,168.99	1,302,677.06
七月利润	851,458.32	3,374,313.26	7,976,481.74	3,374,313.26
八月利润	429,524.05	7,141,373.32	6,135,169.53	7,141,373.32
九月利润	873,590.34	5,071,986.07	3,694,030.87	5,071,986.07
三季度合计	8,373,940.35	36,668,977.68	44,993,053.04	38,275,934.46

二、传票录与传票算操作要点分析

通过前面两个例子能够发现两种操作和所应用的差别。

传票录每次敲击都是按回车键,容易操作,输入完成后,容易核对,纠错更容易;传票算以运算符为主进行录入,间隔按回车键,这样在输入过程中要求注意数据个数,一旦错误,在输入完成后不易察觉,用错确认键和错误输入会导致统计全部需重新操作。所以,在实际操作中,传票算比传票录要求准确率更高,甚至苛刻到不能出错的程度。在训练时应寻找方法提高正确率。

当数据来源是一沓整理好的票据时,翻打传票的两种方法都不可避免地需要双手配合完成。学员们可以参照适用丙丁传票练功券或者九位传票练功券配合对应软件进行训练。

三、翻打传票的技巧

在对翻打传票的方法和操作的要点进行了解和分析之后,总结出一些操作技巧,希望同学们通过自己的体会和对技巧的钻研掌握要领。

(1) 将票张整理整齐,捻出扇形,用夹子固定,做好准备工作。

(2) 将票张摆放在方便目光在票面和显示屏之间观察的位置。

(3) 翻票手的手指分工合理,找页准确,翻页迅速,翻起票张高度适中。

(4) 录入手敲击有弹性,指法标准,手腕悬空,能做到盲打。

(5) 在每个数据录入小数点时,靠头脑记忆小数部分,录入手继续录入完数据,翻票手在此时提前翻页,待录入完前一数据小数部分后,能连续录入后一数据,确保录入手不停顿。

(6) 通过训练对数字的迅速记忆,减少目光停留在票面的时间,提高观察屏幕的时间,以保证数据的准确性。

通过以上几点,相信同学们已初步掌握了翻打传票的技巧,为自己今后的训练清除了障碍,希望继续通过自己的体会和不断训练,找到更多的技巧和方法。

同步训练　翻 打 传 票

【训练目的】　快速准确地进行传票的翻打。

【训练用品】　计算机或录入技能练习机,丙丁传票练功券或九位传票练功券。

【训练内容】

(1) 传票录。

(2) 传票算。

【训练目标】　翻打传票练习可以分为3个阶段:"翻打学徒""翻打小成"和"翻打大成"。可以看出他们与数字录入的训练阶段是有所对应的,完成"数字学徒"阶段训练后就可以开始"数字小成"和"翻打学徒"阶段的训练,以此类推,这样就能稳步提高技能水平。

"翻打学徒":10分钟内正确录入不足160个数据或者8题(每题由20个数据组成)。此时重点在找页、翻页与数字录入的配合。

"翻打小成":10分钟内正确录入160~240个数据或者8~12题。这一阶段基本能够满足工作岗位的需求,训练时应更注重练习方式的多样性。

"翻打大成":10分钟内正确录入超过240个数据或者12题。

【训练指导】　传票录和传票算的练习方式基本一致,只是数据确认方式有所区别,以下训练不再对此进行区分,均适用。

任务要求:

(1) 手、眼、脑协调配合。

(2) 精力集中,翻打同步。

(3) 加强练习,分步进行。

时间安排：保持练习，不少于 45 分钟/天。

训练内容：使用计算机上的翻打传票软件或者录入技能学习机，配合配套传票进行训练。每次连续训练时间为 5~20 分钟，每题数据 20 个。以最后正确数或得分为参考进行技能水平考核。

（1）翻打传票限量不限时训练（表 3-9）

表 3-9

起止页数	行数	答案	用时

（2）翻打传票训练

① 进行 10 组 20 页翻打传票的训练，将答案填入表 3-10 内。

表 3-10

题序	起止页数	行数	答案	题序	起止页数	行数	答案
1	3~22	（三）		6	16~35	（二）	
2	17~36	（一）		7	50~69	（四）	
3	24~43	（四）		8	56~75	（一）	
4	64~83	（五）		9	23~42	（三）	
5	31~50	（二）		10	79~98	（五）	

② 进行 20 组 20 页翻打传票训练，将答案填入表 3-11 内。

表 3-11

题序	起止页数	行数	答案	题序	起止页数	行数	答案
1	38~57	（一）		11	16~35	（三）	
2	17~36	（三）		12	50~69	（四）	
3	75~94	（四）		13	56~75	（一）	
4	64~83	（五）		14	23~42	（三）	
5	35~54	（二）		15	79~98	（五）	
6	53~72	（四）		16	71~90	（三）	
7	48~67	（三）		17	62~81	（四）	
8	11~30	（五）		18	54~73	（二）	
9	65~84	（二）		19	18~37	（四）	
10	32~51	（四）		20	3~22	（五）	

技能 4　电子计算器的使用训练

计算器是用以进行数字运算的电子机器。现代电子计算器是拥有集成电路芯片，结构简单，易于携带的手持式计算工具，是财务人员日常工作的必备工具之一。通过本部分的介绍,希望大家能够对电子计算器的结构、按键功能、操作方式和维护方式有所了解和掌握。

一、电子计算器的结构

计算器主要由运算器、控制器、存储器、键盘、显示器和电源组成。低档计算器的运算器、控制器由数字逻辑电路实现简单的串行运算,其随机存储器只有一两个单元,供累计运算存储使用。高档计算器由微处理器和只读存储器实现各种复杂的运算程序,有较多的随机存储单元,能够进行复杂运算。

键盘是计算器的输入部件,为减小计算器的尺寸,一个按键常常有多种功能。

显示器是计算器的输出部件,有发光二极管显示器或液晶显示器等。

电源采用电池或交流转换器,有些计算器带有太阳能充电功能。

二、计算器的类型

下面是几种常见的计算器。

(一) 算术计算器

算术计算器又称基本计算器、简单计算器,可进行加、减、乘、除等简单四则运算,如图3-9所示。

(二) 考试计算器

考试计算器又称科学计算器、函数计算器,可进行乘方、开方、指数、对数、三角函数、统计等方面的运算,如图3-10所示。

(三) 专用计算器

一般为某一专业方向专门设计,具备特定运算功能的计算器,多数为可编程计算器,如图3-11所示。主要应用于所得税计算、房贷计算、油耗计算等。

图 3-9

图 3-10

图 3-11

算术计算器应用最广泛,也是财务工作中较便于使用的随身计算工具,下面对它的功能按键进行介绍。

三、计算器的按键功能及使用方式

会计计算器的使用是财经工作人员在日常工作中必备的计算技术,可以极大地提高工作效率。它的按键组成及功能见表 3-12。

表 3-12

按 键	键位名称及功能
ON/C	电源开启键,按下此键可删除记忆外的所有数据
OFF	电源关闭键
0～9	数字键
C、AC	总清除键,用来将显示屏的数字全部清除
％	百分比运算键
M+	记忆加法键
M−	记忆减法键
MR	可调出记忆的总值(未按 MC 以前有效)
MC	累计清除
MU	损益运算键
GT	总和
00/000	快速增零键
CE	删除错误输入的数字,每按一次,清除前次输入的错误数字
←	退位键,每按一次,清除一个输错数字
↑5/4	四舍五入键
F43210	保留小数键

这些按键的使用方法如下。

(一) 电源开关

开启键"ON",其功能是接通电源,按下此键后,显示屏显示"0"等待用户操作使用。
关闭键"OFF",其功能是切断电源,按下此键后,显示屏关闭。

(二) 输入键

数字键"0,1……9",用来输入计算时需要的数字,输入顺序是从高位到低位,顺序输入,每按一键,输入一位。

小数点".",用来输入小数点。

符号键"+/−",用来输入数字的符号,使输入的数字改变正负,输入负数时,先输入数字的绝对值,再按符号键即可。

(三) 运算功能键

加法键"+":进行基本加法和连加的运算。
减法键"−":进行基本减法和连减运算。
乘法键"×":进行基本乘法和连乘的运算。
除法键"÷":进行基本除法和连除的运算。

开平方键"√",进行开平方运算,先输入数字,再按下此键,不必按等号键即可得到结果。

百分比运算键"%",进行百分比运算,先输入数字,再按下此键,不必按等号键即可得到结果。

(四) 记忆键

记忆键主要包括记忆加法键"M+"和记忆减法键"M-",其功能是将输入的数或中间计算结果进行累加和累减。

(五) 等号键"="

在进行运算后按此键,可得出计算结果。

(六) 清除键

总清除键"C、AC"的作用是将显示屏显示的数字全部清除。

部分清除键(更正键)"CE",其功能是清除当前输入的数字,而不清除以前输入的数字,如刚输入的数字有误,立即按此键,可消去刚才输入的数,待输入正确的数字后,原运算可继续进行。

需要注意在输入数字之后,按"+、-、×、÷"键,再按"C"或是"CE"键,数字不能被清除。

累计清除键"MC"的功能是将累计数清除,只清除存储器中的数字,而不清除显示器上的数字。

(七) 存储读出键

存储读出键"MR",其作用是:按下此键后,可显示存储的数字或参加运算,数字仍存在存储器中。

存储读出和清除键"MRC",按动一次显示存储数,第二次按动清除存储数。

(八) 损益运算键

损益运算键可以完成以下规则的计算。

依次按 A+B MU 执行 100×(A+B)÷B。

依次按 A-B MU 执行 100×(A-B)÷B。

依次按 A*B MU 执行 A×(1+B÷100)。

依次按 A/B MU 执行 A÷(1-B÷100)。

四、电子计算器的指法

给手指分工可以提高输入速度,减少单个手指的负担,提高正确率。但是与计算机键盘的数字键区不同,计算器有大有小,有些科学计算器并不是很方便多指使用,所以根据计算器按键的大小设计了两种录入指法:五指法和三指法。

（一）五指法

五指法与计算机数字键区指法类似，使用所有手指进行录入。要求按键较大，计算器宽度充足。五指法具体手指分工见表 3-13。

表 3-13

键　位	指　法	键　位	指　法
1、4、7	由右手食指控制	+、-、×、÷、=	由右手小指控制
2、5、8、00	由右手中指控制	C、0(00)	由右手拇指控制
3、6、9	由右手无名指控制		

基准键位：0（拇指）、4（食指）、5（中指）、6（无名指）、+（无名指）。

"00"键由中指控制是考虑手指习惯，这样方便指法记忆，也有说法是用拇指控制录入"00"，这是按照其数字含义与"0"的关系相近安排的。这里可以根据自己的习惯选择，以准确率高为最佳方案。

因为与前面讲的计算机键盘使用方法相同，就不过多阐述，参照计算机键盘练习即可。

（二）三指法

在面对一些较小的计算器时，很难"一手掌控"。通过合理考虑，既满足多指分工，又少用两个手指，所以设计了三指法。三指法具体手指分工见表 3-14。

表 3-14

键　位	指　法	键　位	指　法
1、4、7、2、5、8	由右手食指控制	C、0	由右手拇指控制
3、6、9、=、+、-、×、÷	由右手中指控制		

基准键位：0（拇指）、5（食指）、6（中指）。

五、电子计算器的维护

在使用计算器前，应首先仔细阅读说明书，了解计算器使用时应具有的环境条件，正确的维护可以延长计算器的使用寿命，一般要求防摔、防压、防震、防潮、防高温、防灰尘。计算器的能源是电池，使用时要检查电池的能量，如果显示屏显示的数码明显暗淡，表示电池电量不足，应及时更换电池，否则会造成计算的错误，长时间不使用计算器应取出电池，防止腐蚀的电池腐蚀计算器，造成计算器的损坏。在清洗计算器时，只能用柔软的干棉布擦洗，不能用清洁剂或者湿布进行清洗。

同步训练　计算器翻打传票

【训练目的】　能使用电子计算器快速准确地进行传票的翻打。
【训练用品】　会计专业计算器、丙丁传票练功券或九位传票练功券、计算题纸。

【训练内容】

(1) 定时训练。

(2) 定量训练。

(3) 账表算训练。

(4) 票币计算训练。

【训练目标】 训练目标与翻打传票类似,可以参考技能 3 翻打传票的同步训练目标进行训练和考核。

【训练指导】 训练题见表 3-15。

表 3-15

序号	第一题	第二题	第三题	第四题
1	1,023,929.75	9,797,473.67	4,432,969.27	6,243,927.88
2	5,340,583.58	5,668,900.16	6,182,444.84	3,768,307.32
3	9,906,185.44	8,922,909.04	2,285,958.74	1,036,451.53
4	1,968,245.67	9,784,197.04	1,329,196.39	5,444,719.01
5	2,574,081.74	3,944,197.01	6,480,284.78	7,147,754.05
6	2,858,288.77	8,772,595.18	6,455,949.51	4,043,473.51
7	7,574,794.74	3,150,554.93	9,650,070.37	1,847,029.64
8	4,335,866.77	7,095,824.85	6,243,192.45	3,660,437.13
9	5,958,440.13	8,819,478.28	7,337,098.91	7,135,692.85
10	8,954,979.74	1,291,908.73	3,455,990.56	4,489,018.43
11	7,032,149.58	2,037,764.26	1,943,196.13	8,088,716.17
12	8,146,572.98	9,870,702.45	1,891,864.07	7,171,416.12
13	5,140,736.36	1,686,254.42	6,701,503.34	9,333,260.78
14	3,128,975.31	9,628,340.68	3,728,903.67	6,070,483.26
15	9,906,030.46	9,535,691.44	5,630,746.21	1,088,461.09
16	1,950,763.31	5,885,881.83	7,682,513.35	6,636,668.47
17	7,059,626.38	3,796,766.64	4,070,569.69	5,772,356.95
18	3,068,157.28	2,642,610.43	4,798,684.11	5,960,551.53
19	4,280,573.12	8,181,074.01	9,996,966.13	1,665,999.62
20	6,850,303.57	8,497,102.29	2,082,893.15	6,508,703.42
合计	107,059,284.68	129,010,227.34	102,370,995.67	103,113,428.76

由于计算器看不到过程数据,所以在训练前需要对训练数据进行整理,统计出运算结果,再进行操作比对。下面提供了几组数据作为基础训练供学员体验和练习。

任务要求:

(1) 手、眼、脑协调配合。

(2) 精力集中,翻打同步。

(3) 加强练习,分步进行。

时间安排:保持练习,不少于 45 分钟/天。

训练内容如下。

(1) 定时训练

请根据表 3-16～表 3-18 进行数据求和。对比求和结果是否与"合计"栏一致,每列(20 个数据)正确计 1 分。限时 10 分钟,统计得分。

表 3-16

序号	第五题	第六题	第七题	第八题
1	9,600,928.07	8,086,404.87	2,906,521.96	2,214,361.05
2	1,388,685.27	3,224,329.43	9,670,277.75	1,792,236.92
3	8,598,150.43	5,283,343.33	3,586,084.28	7,436,105.48
4	2,182,078.03	1,564,813.48	2,119,686.27	7,891,669.58
5	9,494,028.82	3,602,477.23	6,765,535.13	5,181,933.68
6	6,028,715.25	5,435,424.54	9,917,751.99	9,797,202.25
7	1,545,019.13	5,433,207.22	8,698,198.21	3,632,110.29
8	8,048,803.35	1,648,292.73	8,957,776.75	2,613,213.07
9	3,603,225.92	5,041,425.75	1,028,821.95	6,811,689.89
10	2,167,327.06	4,982,374.29	4,600,704.52	1,741,716.13
11	8,127,425.85	3,068,244.68	1,420,837.12	6,491,317.25
12	2,008,196.68	2,988,815.26	2,485,720.86	3,073,988.26
13	8,425,922.89	1,804,911.63	7,624,353.18	7,754,954.98
14	5,592,801.45	7,092,785.49	6,170,578.26	6,501,439.91
15	1,075,605.35	6,570,894.07	1,369,005.49	4,500,375.93
16	2,578,092.94	5,793,622.12	7,985,924.65	7,354,508.73
17	5,207,317.48	8,498,123.43	9,223,089.01	4,372,656.22
18	9,150,968.11	8,462,767.18	3,627,029.82	6,348,549.15
19	1,349,751.59	4,413,033.55	4,527,572.61	9,913,785.77
20	8,091,237.41	1,707,110.19	5,459,578.78	6,776,582.92
合计	104,264,281.08	94,702,400.47	108,145,048.59	112,200,397.46

表 3-17

序号	第九题	第十题	第十一题	第十二题
1	9,362,429.58	1,187,005.14	6,897,185.82	2,470,196.42
2	1,790,944.75	4,226,126.76	6,702,539.54	9,208,540.65
3	5,204,601.27	9,105,581.94	7,615,199.66	8,484,966.88
4	2,482,432.34	3,641,846.84	5,152,606.25	1,053,719.78
5	6,770,202.23	2,257,456.23	4,872,215.64	7,423,115.23
6	5,682,663.81	7,764,049.99	7,637,694.42	4,790,542.29
7	1,201,984.11	7,547,901.42	9,564,960.66	8,519,449.47
8	7,607,485.13	4,473,857.62	6,828,548.35	3,746,504.75
9	5,102,966.45	5,654,770.95	9,948,494.84	3,159,257.76
10	3,774,329.77	4,201,089.85	1,504,418.11	6,115,307.91

续表

序号	第九题	第十题	第十一题	第十二题
11	2,655,620.28	4,112,968.12	7,976,871.09	3,782,173.39
12	2,145,952.27	5,251,827.67	9,376,620.21	5,992,184.16
13	3,731,099.25	3,226,050.29	7,133,499.88	8,842,654.35
14	6,771,320.16	9,457,962.58	6,476,034.43	2,567,674.37
15	3,450,375.41	4,479,273.74	3,015,890.23	1,689,418.59
16	6,255,531.38	1,622,800.97	6,470,841.58	2,147,555.24
17	8,485,779.88	1,905,417.52	4,437,084.79	6,094,483.13
18	6,402,733.28	3,486,181.63	3,473,894.87	3,193,009.25
19	7,125,607.84	7,892,073.93	7,603,025.68	8,746,137.91
20	4,874,718.38	7,037,409.12	6,222,385.34	7,669,323.05
合计	100,878,777.57	98,531,652.31	128,910,011.39	105,696,214.58

表 3-18

序号	第十三题	第十四题	第十五题	第十六题
1	1,713,953.13	7,307,786.14	6,603,368.98	7,208,524.19
2	8,898,839.65	1,602,790.48	9,864,561.44	6,592,485.24
3	5,394,664.35	3,724,858.07	3,750,848.54	9,542,726.48
4	7,250,124.21	2,704,247.48	8,517,014.58	4,808,144.65
5	6,217,003.29	7,733,620.04	4,996,257.18	4,971,477.22
6	7,910,650.06	8,834,188.61	5,229,689.13	5,811,649.34
7	6,809,193.67	1,078,990.19	2,549,028.59	3,096,068.25
8	2,461,299.71	5,489,561.69	8,057,997.28	5,651,137.14
9	3,736,888.32	7,312,459.45	4,891,424.11	2,773,571.98
10	2,779,972.15	9,803,170.74	3,173,160.82	5,718,514.49
11	9,652,313.43	1,819,263.18	8,737,844.74	3,262,944.53
12	6,395,254.23	5,028,185.53	9,176,997.95	3,469,859.26
13	2,341,342.13	8,252,375.03	5,467,244.44	3,071,375.95
14	5,595,141.68	9,459,714.59	7,007,087.84	2,002,405.04
15	8,685,217.57	2,574,245.33	6,091,822.36	1,198,666.97
16	2,935,513.38	2,644,098.24	9,874,106.19	2,749,951.15
17	9,555,243.47	1,563,043.69	7,034,085.96	2,538,646.02
18	1,512,316.68	5,004,623.73	2,710,580.73	5,330,558.89
19	1,889,752.89	3,413,596.56	2,492,475.43	2,624,392.24
20	6,628,534.48	3,865,284.89	3,830,911.95	5,404,966.18
合计	108,363,218.48	99,216,103.66	120,056,508.24	87,828,065.21

(2) 定量训练

请根据表 3-19 和表 3-20 进行数据求和。对操作进行计时,统计完成时间。完成后核对求和结果是否与"总计"栏一致,若不一致则训练失败,不计入成绩。

表 3-19

行号	第一列	第二列	第三列	第四列
1	1,247,914.75	1,996,198.63	3,450,374.26	8,100,243.08
2	7,219,525.76	7,168,374.34	9,926,753.69	5,637,496.93
3	1,097,016.96	4,186,566.87	4,240,822.91	1,135,997.04
4	5,749,960.87	2,768,292.61	2,265,050.25	8,816,098.41
5	4,545,619.25	4,252,125.28	7,986,106.24	2,464,938.44
6	3,908,376.45	7,161,740.53	2,538,702.12	8,452,591.58
7	4,529,534.24	7,235,510.54	4,154,832.18	6,089,388.87
8	5,691,623.41	1,332,101.32	2,185,827.09	6,031,103.56
9	6,589,606.44	9,448,630.03	6,985,385.88	3,344,684.65
10	2,595,776.06	3,191,872.43	8,022,357.99	3,680,588.19
11	3,003,866.01	2,636,161.93	2,076,451.75	4,824,125.89
12	8,003,796.56	8,341,005.36	3,632,302.31	2,348,431.53
13	3,059,883.91	6,588,454.44	4,862,170.89	2,621,270.69
14	8,362,588.36	5,743,428.04	6,029,226.11	4,022,141.09
15	4,904,694.62	8,730,068.74	4,687,447.76	8,428,293.92
16	4,432,082.72	1,943,360.83	3,418,836.15	1,238,939.26
17	4,508,575.56	7,158,215.93	4,446,365.63	2,091,743.57
18	5,409,263.52	1,379,584.64	8,701,074.23	3,068,948.18
19	9,860,601.18	6,172,067.28	4,172,540.87	8,536,087.18
20	9,788,168.98	3,862,266.71	6,845,555.57	1,338,591.33
21	6,240,748.04	1,805,755.24	1,950,905.69	2,083,003.22
22	7,166,347.68	9,861,728.32	3,594,930.33	5,102,916.49
23	2,898,167.69	8,802,605.36	5,349,088.54	2,840,741.26
24	6,786,028.67	3,398,495.54	1,562,601.41	4,344,613.14
25	7,230,031.33	5,810,831.36	6,582,722.72	3,783,930.19
总计				495,900,581.58

表 3-20

行号	第一列	第二列	第三列	第四列
1	6,371,687.53	6,911,933.68	3,708,934.29	4,290,401.62
2	8,376,009.43	7,518,002.42	6,058,673.23	1,128,670.88
3	3,182,576.11	3,130,490.87	7,056,148.31	9,638,348.08
4	9,279,052.48	8,684,583.61	8,576,934.91	2,405,285.62
5	6,333,726.16	9,739,191.95	9,681,928.64	9,137,052.14
6	8,813,642.93	9,304,665.57	4,633,484.93	3,990,534.67
7	7,904,020.47	9,734,443.75	6,247,611.62	8,315,109.92
8	2,689,800.12	1,459,561.59	8,231,449.47	9,947,106.75

续表

行号	第一列	第二列	第三列	第四列
9	4,072,292.37	5,546,431.54	2,760,036.82	8,585,424.49
10	9,998,720.27	6,226,108.15	4,885,133.12	7,694,096.58
11	9,273,768.48	7,449,065.09	3,957,721.06	7,377,289.51
12	6,515,833.04	7,425,744.37	8,025,189.73	6,022,259.14
13	3,133,469.03	7,175,616.51	3,331,953.32	2,640,014.48
14	6,657,039.58	1,253,832.09	2,203,000.83	4,987,108.07
15	8,666,775.35	4,316,083.92	7,708,782.02	5,848,084.99
16	7,601,034.07	4,891,388.12	2,165,507.41	8,196,958.37
17	5,884,527.35	4,829,520.23	2,353,819.24	6,138,529.32
18	2,767,247.11	3,552,321.93	5,857,514.46	9,868,939.24
19	8,488,772.37	7,067,289.09	3,992,016.61	2,434,082.61
20	9,328,414.44	4,733,122.77	8,247,760.72	5,821,049.47
21	8,762,995.97	2,323,405.15	5,712,660.62	6,821,422.71
22	8,886,126.66	5,752,212.31	7,497,559.87	5,172,225.59
23	8,908,003.45	8,071,427.01	7,221,052.72	9,628,276.34
24	2,840,796.51	4,204,343.69	1,821,954.84	3,609,390.19
25	7,119,131.77	9,736,718.86	1,968,341.92	9,519,535.25
总计				553,903,108.01

(3) 账表算训练

账表算是会计工作日常结账和汇总数字的重要方法。目前,全国标准账表算题,纵向5个,横向20个,要求纵横轧平,结出总数。每张限时15分钟。每张账表纵向五题,每题14分,横向20题,每题4分,纵横均算准计150分,轧平再加50分,算平一张账表共计200分,要求按顺序算题,前表不打完,后表不计分。账表算一般是从纵向5题做起。做完后,再做横向20题,账表算准是关键,只有准才能得高分,因为不管纵向还是横向,只要有一题错了,就轧不平,见表3-21和表3-22。

表 3-21

题号	(一)	(二)	(三)	(四)	(五)	合 计
1	8,722,753.78	1,472,161.74	−1,014,524.18	3,032,275.71	7,834,880.05	20,047,547.10
2	3,200,915.10	5,861,332.24	−2,078,499.26	688,548.62	−2,713,482.29	4,958,814.41
3	2,973,174.32	5,088,962.60	−2,369,030.07	9,958,393.61	4,627,672.19	20,279,172.65
4	3,581,639.60	−1,011,158.43	1,690,830.05	9,461,086.78	9,486,991.72	23,209,389.72
5	4,712,186.65	5,081,159.27	7,694,906.25	5,878,123.28	−682,235.60	22,684,139.85
6	1,547,125.42	6,347,716.16	4,667,321.94	2,074,879.25	5,490,226.52	20,127,269.29
7	3,084,982.17	6,214,674.96	−46,457.50	1,597,716.42	8,321,168.56	19,172,084.61
8	5,231,880.57	1,755,417.70	6,478,905.27	−1,857,259.67	2,473,222.47	14,082,166.34
9	4,214,942.40	3,702,398.89	957,609.09	3,331,361.94	9,919,611.50	22,125,923.82

续表

题号	(一)	(二)	(三)	(四)	(五)	合 计
10	7,925,300.99	−1,923,814.86	6,848,998.72	2,223,085.40	−100,532.94	14,973,037.31
11	3,601,758.49	9,658,146.75	2,920,005.12	9,683,199.49	449,857.12	26,312,966.97
12	6,697,359.75	2,692,794.82	284,615.12	−2,703,514.10	4,814,698.37	11,785,953.96
13	−651,515.76	4,863,521.78	−1,730,613.00	1,246,482.65	4,148,652.54	7,876,528.21
14	7,740,233.14	6,073,798.76	−820,020.50	6,370,720.16	8,743,707.36	28,108,438.92
15	1,490,071.62	−1,133,368.63	−2,707,143.46	1,953,869.50	2,295,240.90	1,898,669.93
16	−1,136,137.12	7,849,556.32	2,459,900.14	7,039,287.09	−1,827,438.92	14,385,167.51
17	−1,624,680.80	8,083,034.68	−1,755,208.09	2,296,859.98	−1,081,173.26	5,918,832.51
18	5,082,524.11	−773,435.75	9,140,701.60	9,848,952.88	8,077,906.05	31,376,648.89
19	−1,968,810.25	2,063,136.38	3,007,028.03	8,691,369.77	2,741,544.47	14,534,268.40
20	5,199,664.78	8,184,867.77	5,314,363.90	9,712,354.52	4,530,597.35	32,941,848.32
合计	69,625,368.96	80,150,903.15	38,943,689.17	90,527,793.28	77,551,114.16	356,798,868.72

表 3-22

题号	(一)	(二)	(三)	(四)	(五)	合 计
1	8,690,298.90	−2,422,184.41	−464,578.13	4,518,628.38	6,420,797.26	16,742,962.00
2	8,425,497.65	4,824,367.70	−2,642,855.20	3,067,219.81	−341,871.03	13,332,358.93
3	1,526,342.50	1,734,752.03	8,183,678.27	3,797,311.86	8,892,244.14	24,134,328.80
4	4,756,478.58	8,603,246.30	−744,856.13	−695,064.56	−2,555,526.14	9,364,278.05
5	1,457,462.46	1,899,966.10	1,212,571.32	6,131,134.52	5,189,564.32	15,890,698.72
6	−921,151.66	1,476,147.66	1,434,464.40	−2,223,025.16	4,117,671.46	3,884,106.70
7	6,236,766.02	3,785,222.22	2,182,637.81	1,933,917.13	3,830,720.33	17,969,263.51
8	9,429,737.42	4,638,863.17	−71,326.72	1,362,237.70	6,000,025.13	21,359,536.70
9	4,987,137.18	1,193,837.45	730,921.00	−1,326,777.48	2,555,800.38	8,140,918.53
10	9,784,218.44	4,607,989.47	3,198,729.09	4,322,695.62	−2,335,477.25	19,578,155.37
11	−461,039.70	7,096,520.14	2,880,316.27	9,600,632.92	−572,640.73	18,543,788.90
12	2,452,490.51	−2,226,124.60	1,340,863.54	3,480,473.12	453,114.40	5,500,816.97
13	−2,033,020.02	−923,377.39	−372,466.77	2,955,992.35	8,964,738.99	8,591,867.16
14	−94,846.76	1,284,567.11	1,080,087.20	−1,800,932.38	9,458,253.03	9,927,128.20
15	−1,792,170.84	756,270.18	3,506,567.81	6,214,886.68	3,832,277.14	12,517,830.97
16	−1,310,309.77	1,562,460.11	5,080,279.13	5,694,321.31	1,531,489.82	12,558,240.60
17	4,690,862.72	6,542,528.46	9,334,604.91	−1,483,725.61	9,803,817.40	28,888,087.88
18	5,252,285.07	2,507,400.36	3,872,484.92	1,125,389.74	−1,861,568.61	10,895,991.48
19	7,422,368.92	4,553,336.73	−586,645.71	1,061,800.13	8,706,752.15	21,157,612.22
20	8,676,062.47	−1,870,296.98	7,534,776.28	3,080,030.05	7,040,083.40	24,460,655.22
合计	77,175,470.09	49,625,491.81	46,690,253.29	50,817,146.13	79,130,265.59	303,438,626.91

(4) 票币计算训练

在实践中,票币计算需要具备口算或心算与计算器计算相结合的能力。由于计算时面对的是各种面值的货币,除了满百张的同面值货币扎成整把以外,余下的面值不足百张的"零散钱"要统计总值时,需要先按一定规律进行口算或心算,计算出每种面值的小计金额,再用计算器算出总值。

快速求出表3-23所列货币金额总值,并寻找计算方法。

表 3-23

面值	100元	50元	20元	10元	5元	1元	5角	2角	1角
张数	51	46	38	61	53	80	47	96	13
金额	5,100	2,300	760	610	265	80	23.5	19.2	1.3
总金额					9,159				

一般情况下,人们喜欢将货币按面值从大到小整理,但为了方便计算,在统计时,可以根据面值的相似情况进行计算。请逐行统计,再通过每行的合计做最后的统计。求出表3-24所列货币金额总值,并寻找计算方法。

表 3-24

面值\题号	100元	50元	20元	10元	5元	1元	5角	2角	1角	合 计
1	24	83	86	97	6	28	25	7	51	9,317
2	10	21	68	93	46	56	67	25	99	4,674.4
3	56	30	96	71	62	85	68	31	13	10,166.5
4	12	81	66	25	50	81	44	57	10	7,185.4
5	59	68	57	55	12	57	76	51	27	11,157.9
6	42	35	62	88	55	54	26	83	65	8,435.1
7	90	98	33	88	66	35	17	6	98	15,824.5
8	19	80	78	28	93	12	11	46	15	8,233.2
9	1	46	57	43	14	8	29	73	64	4,083.5
10	65	2	26	31	60	40	55	56	25	7,811.2
11	27	81	93	95	83	33	59	82	42	10,058.1
12	34	46	18	88	35	79	37	7	88	7,222.7
13	25	54	96	88	8	36	72	29	91	8,126.9
14	45	99	64	50	50	92	47	97	40	11,218.9
15	25	42	69	81	11	92	97	67	60	7,504.9
16	91	28	64	56	15	62	3	88	13	12,497.4
17	71	97	53	78	7	57	52	77	72	13,930.6
18	46	78	72	74	85	26	32	61	91	11,168.3
19	24	95	92	64	67	14	43	96	50	10,024.7
20	48	74	33	54	80	4	54	17	29	10,137.3
合计	81,400	62,400	25,660	13,070	4,525	951	457	211.2	104.3	188,778.5

如果在练习中还没有找到规律，建议可以参考以下顺序进行心算后再相加。

先进行较容易的计算：100元、10元、1元、1角。

再进行易于口算的计算：50元、5元、5角。

最后进行较零散的计算：20元、2角。

这样在计算时可以降低口算的复杂度。请按此方法进行以下巩固练习，见表3-25。

表 3-25

题号 \ 面值	100元	50元	20元	10元	5元	1元	5角	2角	1角	合 计
1	2	31	60	32	52	51	55	48	26	3,620.7
2	18	38	25	84	35	26	59	13	95	5,282.6
3	42	65	78	71	74	1	36	60	94	10,130.4
4	41	75	70	37	50	53	25	51	44	9,950.1
5	78	27	59	10	24	69	17	36	74	10,642.1
6	72	26	12	48	72	81	26	86	56	9,696.8
7	4	89	28	80	27	83	10	2	83	6,441.7
8	79	82	68	5	47	46	78	68	92	13,752.8
9	32	51	56	53	82	76	64	80	78	7,941.8
10	71	28	99	27	85	11	71	91	70	11,246.7
11	73	31	29	48	90	22	69	91	19	10,436.6
12	91	23	14	62	62	1	73	16	70	11,507.7
13	83	7	18	31	99	99	1	88	38	9,935.9
14	11	36	13	67	70	55	53	42	74	4,277.3
15	11	30	34	72	52	40	15	90	98	4,335.3
16	64	87	45	57	4	62	29	21	97	12,330.4
17	3	26	83	1	72	69	1	95	98	3,728.3
18	70	25	60	3	4	9	21	71	16	9,535.3
19	22	98	47	63	72	28	56	9	34	9,091.2
20	68	70	48	75	62	9	94	57	60	12,393.4
合计	93,500	47,250	18,920	9,260	5,675	891	426.5	223	131.6	176,277.1

技能 5　设计传票翻打训练时间表

技能要求

☑ 掌握传票翻打的三个阶段。

☑ 能按训练时间进行训练。

传票训练计划表如表 3-26 所示。

表 3-26 传票训练计划表(百张)

15 周每天一小时训练传票翻打 300 分

阶段	课程安排	课程内容	训练目标	训练内容	课时分配	训练时间
第一阶段：入门阶段	坐姿	正确坐姿	坐姿标准、熟悉机器使用		1 课时	每天 1 小时，分 2～6 次进行，每次不超过半小时
	数字盲打	记忆键盘，规范指法	记忆手指分工	组别模式	1 课时	
		正确击键的指法	盲打要求正确	数字看打	2 课时	
		准确击键的指法	盲打要求准确	数字看打	4 课时	
测试	数字测试	速度训练	200/分钟	数字文章		4 周
			170 分/10 分钟	商品编码		
第二阶段：初级阶段	整理摆放	捻成扇面，夹好夹子	传票封面向下突出，便于翻页即可		1 课时	1 周
	找页	准确、速度	快速找到每题起始页		1 课时	
	翻页	页面不宜过高，角度适中，以看清数据为准	左手能准确、连贯、快速翻开传票		1 课时	
	记页、数页	默念页数	养成记页、数页习惯		1 课时	
	传票翻打	限时 5 分钟	5 分钟传票录 140 分	20 题/组	2 课时	
测试	传票录测试	限时 10 分钟	10 分钟传票算 220 分	20 题/组		
第三阶段：中级阶段	传票算	20 题一组	10 分钟传票算 240 分	传票算练习	1 课时	6 周
			10 分钟传票算 260 分	传票算练习	1 课时	
			10 分钟传票算 280 分	传票算练习	1 课时	
			10 分钟传票算 290 分	传票算练习	1 课时	
测试	传票算测试	20 题一组	10 分钟传票算 300 分	传票算测试	1 课时	4 周

参 考 文 献

[1] 杨印山.会计基本技能[M].2版.北京:中国人民大学出版社,2014.
[2] 廖红,蒙丽容.点钞与收银[M].上海:立信会计出版社,2008.
[3] 迟荣,邵亮等.珠算与点钞技术[M].北京:化学工业出版社,2012.

附录 A

人民币管理

一、中华人民共和国人民币管理条例

第一章 总 则

第一条 为了加强对人民币的管理，维护人民币的信誉，稳定金融秩序，根据《中华人民共和国中国人民银行法》，制定本条例。

第二条 本条例所称人民币，是指中国人民银行依法发行的货币，包括纸币和硬币。

从事人民币的设计、印制、发行、流通和回收等活动，应当遵守本条例。

第三条 中华人民共和国的法定货币是人民币，以人民币支付中华人民共和国境内的一切公共的和私人的债务，任何单位和个人不得拒收。

第四条 人民币的单位为元，人民币辅币单位为角、分，1元等于10角，1角等于10分，人民币依其面额支付。

第五条 中国人民银行是国家管理人民币的主管机关，负责本条例的组织实施。

第六条 任何单位和个人都应当爱护人民币，禁止损害人民币和妨碍人民币流通。

第二章 设计和印制

第七条 新版人民币由中国人民银行组织设计，报国务院批准。

第八条 人民币由中国人民银行指定的专门企业印制。

第九条 印制人民币的企业应当按照中国人民银行制定的人民币质量标准和印制计划印制人民币。

第十条 印制人民币的企业应当将合格的人民币产品全部解缴中国人民银行人民币发行库，将不合格的人民币产品按照中国人民银行的规定全部销毁。

第十一条 印制人民币的原版、原模使用完毕后，由中国人民银行封存。

第十二条 印制人民币的特殊材料、技术、工艺、专用设备等重要事项属于国家秘密。印制人民币的企业和有关人员应当保守国家秘密；未经中国人民银行批准，任何单位和个人不得对外提供。

第十三条 未经中国人民银行批准，任何单位和个人不得研制、仿制、引进、销售、购买和使用印制人民币所特有的防伪材料、防伪技术、防伪工艺和专用设备。

第十四条 人民币样币是检验人民币印制质量和鉴别人民币真伪的标准样本，由印制人民币的企业按照中国人民银行的规定印制,人民币样币上应当加印"样币"字样。

第三章 发行和回收

第十五条 人民币由中国人民银行统一发行。

第十六条 中国人民银行发行新版人民币应当报国务院批准。

中国人民银行应当将新版人民币的发行时间、面额、图案、式样、规格、主色调、主要特征等予以公告。

中国人民银行不得在新版人民币发行公告发布前将新版人民币支付给金融机构。

第十七条 因防伪或者其他原因,需要改变人民币的印制材料、技术或者工艺的,由中国人民银行决定。

中国人民银行应当将改版后的人民币的发行时间、面额、主要特征等予以公告。

中国人民银行不得在改版人民币发行公告发布前将改版人民币支付给金融机构。

第十八条 中国人民银行可以根据需要发行纪念币。

纪念币是具有特定主题的限量发行的人民币,包括普通纪念币和贵金属纪念币。

第十九条 纪念币的主题、面额、图案、材质、式样、规格、发行数量、发行时间等由中国人民银行确定;但是,纪念币的主题涉及重大政治、历史题材的,应当报国务院批准。

中国人民银行应当将纪念币的主题、面额、图案、材质、式样、规格、发行数量、发行时间等予以公告。

中国人民银行不得在纪念币发行公告发布前将纪念币支付给金融机构。

第二十条 中国人民银行设立人民币发行库,在其分支机构设立分库,负责保管人民币发行基金,各级人民币发行库主任由同级中国人民银行行长担任。

人民币发行基金是中国人民银行人民币发行库保存的未进入流通的人民币。

人民币发行基金的调拨应当按照中国人民银行的规定办理,任何单位和个人不得违反规定动用人民币发行基金,不得干扰、阻碍人民币发行基金的调拨。

第二十一条 特定版别的人民币的停止流通应当报国务院批准,并由中国人民银行公告。

办理人民币存取款业务的金融机构应当按照中国人民银行的规定,收兑停止流通的人民币,并将其交存当地中国人民银行。

中国人民银行不得将停止流通的人民币支付给金融机构,金融机构不得将停止流通的人民币对外支付。

第二十二条 办理人民币存取款业务的金融机构应当按照中国人民银行的规定,无偿为公众兑换残缺、污损的人民币,挑剔残缺、污损的人民币,并将其交存当地中国人民银行。

中国人民银行不得将残缺、污损的人民币支付给金融机构,金融机构不得将残缺、污损的人民币对外支付。

第二十三条 停止流通的人民币和残缺、污损的人民币,由中国人民银行负责回收、销毁,具体办法由中国人民银行制定。

第四章 流通和保护

第二十四条 办理人民币存取款业务的金融机构应当根据合理需要的原则,办理人民币券别调剂业务。

第二十五条　禁止非法买卖流通人民币。

纪念币的买卖应当遵守中国人民银行的有关规定。

第二十六条　装帧流通人民币和经营流通人民币应当经中国人民银行批准。

第二十七条　禁止下列损害人民币的行为：

（一）故意毁损人民币；

（二）制作、仿制、买卖人民币图样；

（三）未经中国人民银行批准，在宣传品、出版物或者其他商品上使用人民币图样；

（四）中国人民银行规定的其他损害人民币的行为。

前款人民币图样包括放大、缩小和同样大小的人民币图样。

第二十八条　人民币样币禁止流通。

人民币样币的管理办法由中国人民银行制定。

第二十九条　任何单位和个人不得印制、发售代币票券，以代替人民币在市场上流通。

第三十条　中国公民出入境、外国人入出境携带人民币实行限额管理制度，具体限额由中国人民银行规定。

第三十一条　禁止伪造、变造人民币。禁止出售、购买伪造、变造的人民币。禁止走私、运输、持有、使用伪造、变造的人民币。

第三十二条　单位和个人持有伪造、变造的人民币的，应当及时上交中国人民银行、公安机关或者办理人民币存取款业务的金融机构；发现他人持有伪造、变造的人民币的，应当立即向公安机关报告。

第三十三条　中国人民银行、公安机关发现伪造、变造的人民币，应当予以没收，加盖"假币"字样的戳记，并登记造册；持有人对公安机关没收的人民币的真伪有异议的，可以向中国人民银行申请鉴定。

公安机关应当将没收的伪造、变造的人民币解缴当地中国人民银行。

第三十四条　办理人民币存取款业务的金融机构发现伪造、变造的人民币，数量较多、有新版的伪造人民币或者有其他制造贩卖伪造、变造的人民币线索的，应当立即报告公安机关；数量较少的，由该金融机构两名以上工作人员当面予以收缴，加盖"假币"字样的戳记，登记造册，向持有人出具中国人民银行统一印制的收缴凭证，并告知持有人可以向中国人民银行或者向中国人民银行授权的国有独资商业银行的业务机构申请鉴定。对伪造、变造的人民币收缴及鉴定的具体办法由中国人民银行制定。

办理人民币存取款业务的金融机构应当将收缴的伪造、变造的人民币解缴当地中国人民银行。

第三十五条　中国人民银行和中国人民银行授权的国有独资商业银行的业务机构应当无偿提供鉴定人民币真伪的服务。

对盖有"假币"字样戳记的人民币，经鉴定为真币的，由中国人民银行或者中国人民银行授权的国有独资商业银行的业务机构按照面额予以兑换；经鉴定为假币的，由中国人民银行或者中国人民银行授权的国有独资商业银行的业务机构予以没收。

中国人民银行授权的国有独资商业银行的业务机构应当将没收的伪造、变造的人民币解缴当地中国人民银行。

第三十六条 办理人民币存取款业务的金融机构应当采取有效措施,防止以伪造、变造的人民币对外支付。

办理人民币存取款业务的金融机构应当在营业场所无偿提供鉴别人民币真伪的服务。

第三十七条 伪造、变造的人民币由中国人民银行统一销毁。

第三十八条 人民币反假鉴别仪应当按照国家规定标准生产。

人民币反假鉴别仪国家标准由中国人民银行会同有关部门制定,并协助组织实施。

第三十九条 人民币有下列情形之一的,不得流通:

(一)不能兑换的残缺、污损的人民币;

(二)停止流通的人民币。

第五章 罚 则

第四十条 印制人民币的企业和有关人员有下列情形之一的,由中国人民银行给予警告,没收违法所得,并处违法所得1倍以上3倍以下的罚款,没有违法所得的,处1万元以上10万元以下的罚款;对直接负责的主管人员和其他直接责任人员,依法给予纪律处分:

(一)未按照中国人民银行制定的人民币质量标准和印制计划印制人民币的;

(二)未将合格的人民币产品全部解缴中国人民银行人民币发行库的;

(三)未按照中国人民银行的规定将不合格的人民币产品全部销毁的;

(四)未经中国人民银行批准,擅自对外提供印制人民币的特殊材料、技术、工艺或者专用设备等国家秘密的。

第四十一条 违反本条例第十三条规定的,由工商行政管理机关和其他有关行政执法机关给予警告,没收违法所得和非法财物,并处违法所得1倍以上3倍以下的罚款;没有违法所得的,处2万元以上20万元以下的罚款。

第四十二条 办理人民币存取款业务的金融机构违反本条例第二十一条第二款、第三款和第二十二条规定的,由中国人民银行给予警告,并处1000元以上5000元以下的罚款;对直接负责的主管人员和其他直接责任人员,依法给予纪律处分。

第四十三条 故意毁损人民币的,由公安机关给予警告,并处1万元以下的罚款。

第四十四条 违反本条例第二十五条、第二十六条、第二十七条第一款第二项和第四项规定的,由工商行政管理机关和其他有关行政执法机关给予警告,没收违法所得和非法财物,并处违法所得1倍以上3倍以下的罚款;没有违法所得的,处1000元以上5万元以下的罚款。

工商行政管理机关和其他有关行政执法机关应当销毁非法使用的人民币图样。

第四十五条 办理人民币存取款业务的金融机构、中国人民银行授权的国有独资商业银行的业务机构违反本条例第三十四条、第三十五条和第三十六条规定的,由中国人民银行给予警告,并处1000元以上5万元以下的罚款;对直接负责的主管人员和其他直接责任人员,依法给予纪律处分。

第四十六条 中国人民银行、公安机关、工商行政管理机关及其工作人员违反本条例有关规定的,对直接负责的主管人员和其他直接责任人员,依法给予行政处分。

第四十七条 违反本条例第二十条第三款、第二十七条第一款第三项、第二十九条和第三十一条规定的,依照《中华人民共和国中国人民银行法》的有关规定予以处罚;其中,违反本条例第三十一条规定构成犯罪的,依法追究刑事责任。

第六章 附 则

第四十八条 本条例自 2000 年 5 月 1 日起施行。

二、中国人民银行假币收缴、鉴定管理办法

第一章 总 则

第一条 为规范对假币的收缴、鉴定行为,保护货币持有人的合法权益,根据《全国人民代表大会常务委员会关于惩治破坏金融秩序犯罪的决定》和《中华人民共和国人民币管理条例》制定本办法。

第二条 办理货币存取款和外币兑换业务的金融机构收缴假币、中国人民银行及其授权的鉴定机构鉴定货币真伪适用本办法。

第三条 本办法所称货币是指人民币和外币,人民币是指中国人民银行依法发行的货币,包括纸币和硬币;外币是指在我国境内(香港特别行政区、澳门特别行政区及中国台湾地区除外)可收兑的其他国家或地区的法定货币。

本办法所称假币是指伪造、变造的货币。

伪造的货币是指仿照真币的图案、形状、色彩等,采用各种手段制作的假币。

变造的货币是指在真币的基础上,利用挖补、揭层、涂改、拼凑、移位、重印等多种方法制作、改变真币原形态的假币。

本办法所称办理货币存取款和外币兑换业务的金融机构(以下简称"金融机构")是指商业银行、城乡信用社、邮政储蓄的业务机构。

本办法所称中国人民银行授权的鉴定机构是指具有货币真伪鉴定技术与条件,并经中国人民银行授权的商业银行业务机构。

第四条 金融机构收缴的假币,每季末解缴中国人民银行当地分支行,由中国人民银行统一销毁,任何部门不得自行处理。

第五条 中国人民银行及其分支机构依照本办法对假币收缴、鉴定实施监督管理。

第二章 假币的收缴

第六条 金融机构在办理业务时发现假币,由该金融机构两名以上业务人员当面予以收缴。对假人民币纸币,应当面加盖"假币"字样的戳记;对假外币纸币及各种假硬币,应当面以统一格式的专用袋加封,封口处加盖"假币"字样戳记,并在专用袋上标明币种、券别、面额、张(枚)数、冠字号码、收缴人、复核人名章等细项。收缴假币的金融机构(以下简称"收缴单位")向持有人出具中国人民银行统一印制的《假币收缴凭证》,并告知持有人如对被收缴的货币真伪有异议,可向中国人民银行当地分支机构或中国人民银行授权的当地鉴定机构申请鉴定。收缴的假币不得再交予持有人。

第七条 金融机构在收缴假币过程中有下列情形之一的,应当立即报告当地公安机关,提供有关线索:

(一)一次性发现假人民币 20 张(枚)(含 20 张/枚)以上、假外币 10 张(含 10 张/枚)以

上的；

（二）属于利用新的造假手段制造假币的；

（三）有制造贩卖假币线索的；

（四）持有人不配合金融机构收缴行为的。

第八条 办理假币收缴业务的人员，应当取得《反假货币上岗资格证书》。《反假货币上岗资格证书》由中国人民银行印制，中国人民银行各分行、营业管理部、省会（首府）城市中心支行负责对所在省（自治区、直辖市）金融机构有关业务人员进行培训、考试和颁发。

第九条 金融机构对收缴的假币实物进行单独管理，并建立假币收缴代保管登记簿。

第三章 假币的鉴定

第十条 持有人对被收缴货币的真伪有异议，可以自收缴之日起3个工作日内，持《假币收缴凭证》直接或通过收缴单位向中国人民银行当地分支机构或中国人民银行授权的当地鉴定机构提出书面鉴定申请。

中国人民银行分支机构和中国人民银行授权的鉴定机构应当无偿提供鉴定货币真伪的服务，鉴定后应出具中国人民银行统一印制的《货币真伪鉴定书》，并加盖货币鉴定专用章和鉴定人名章。

中国人民银行授权的鉴定机构应当在营业场所公示授权证书。

第十一条 中国人民银行分支机构和中国人民银行授权的鉴定机构应当自收到鉴定申请之日起2个工作日内通知收缴单位报送需要鉴定的货币。

收缴单位应当自收到鉴定单位通知之日起2个工作日内将需要鉴定的货币送达鉴定单位。

第十二条 中国人民银行分支机构和中国人民银行授权的鉴定机构应当自受理鉴定之日起15个工作日内出具《货币真伪鉴定书》。因情况复杂不能在规定期限内完成的，可延长至30个工作日，但必须以书面形式向申请人或申请单位说明原因。

第十三条 对盖有"假币"字样戳记的人民币纸币，经鉴定为真币的，由鉴定单位交收缴单位按照面额兑换完整券退还持有人，收回持有人的《假币收缴凭证》，盖有"假币"戳记的人民币按损伤人民币处理；经鉴定为假币的，由鉴定单位予以没收，并向收缴单位和持有人开具《货币真伪鉴定书》和《假币没收收据》。

对收缴的外币纸币和各种硬币，经鉴定为真币的，由鉴定单位交收缴单位退还持有人，并收回《假币收缴凭证》；经鉴定为假币的，由鉴定单位将假币退回收缴单位依法收缴，并向收缴单位和持有人出具《货币真伪鉴定书》。

第十四条 中国人民银行分支机构和中国人民银行授权的鉴定机构鉴定货币真伪时，应当至少有两名鉴定人员同时参与，并做出鉴定结论。

第十五条 中国人民银行各分支机构在复点清分金融机构解缴的回笼款时发现假人民币，应经鉴定后予以没收，向解缴单位开具《假币没收收据》，并要求其补足等额人民币回笼款。

第十六条 持有人对金融机构做出的有关收缴或鉴定假币的具体行政行为有异议，可在收到《假币收缴凭证》或《货币真伪鉴定书》之日起60个工作日内向直接监管该金融机构的中国人民银行分支机构申请行政复议，或依法提起行政诉讼。

持有人对中国人民银行分支机构做出的有关鉴定假币的具体行政行为有异议,可在收到《货币真伪鉴定书》之日起 60 个工作日内向其上一级机构申请行政复议,或依法提起行政诉讼。

第四章 罚 则

第十七条 金融机构有下列行为之一,但尚未构成犯罪的,由中国人民银行给予警告、罚款,同时,责成金融机构对相关主管人员和其他直接责任人给予相应纪律处分:

(一)发现假币而不收缴的;

(二)未按照本办法规定程序收缴假币的;

(三)应向人民银行和公安机关报告而不报告的;

(四)截留或私自处理收缴的假币,或使已收缴的假币重新流入市场的。

上述行为涉及假人民币的,对金融机构处以 1000 元以上 5 万元以下罚款;涉及假外币的,对金融机构处以 1000 元以下的罚款。

第十八条 中国人民银行授权的鉴定机构有下列行为之一,但尚未构成犯罪的,由中国人民银行给予警告、罚款,同时责成金融机构对相关主管人员和其他直接责任人给予相应纪律处分:

(一)拒绝受理持有人、金融机构提出的货币真伪鉴定申请的;

(二)未按照本办法规定程序鉴定假币的;

(三)截留或私自处理鉴定、收缴的假币,或使已收缴、没收的假币重新流入市场的。

上述行为涉及假人民币的,对授权的鉴定机构处以 1000 元以上 5 万元以下罚款;涉及假外币的,对授权的鉴定机构处以 1000 元以下的罚款。

第十九条 中国人民银行工作人员有下列行为之一,但尚未构成犯罪的,对直接负责的主管人员和其他直接责任人员依法给予行政处分:

(一)未按照本办法规定程序鉴定假币的;

(二)拒绝受理持有人、金融机构、授权的鉴定机构提出的货币真伪鉴定或再鉴定申请的;

(三)截留或私自处理鉴定、收缴、没收的假币,或使已收缴、没收的假币重新流入市场的。

第五章 附 则

第二十条 本办法自 2003 年 7 月 1 日起施行。

第二十一条 本办法由中国人民银行负责解释。

三、中华人民共和国国家货币出入境管理办法

(国务院令第 108 号)

第一条 为了加强国家货币出入境管理,维护国家金融秩序,适应改革开放的需要,制定本办法。

第二条 本办法所称国家货币是指中国人民银行发行的人民币。

第三条 国家对货币出入境实行限额管理制度。

中国公民出入境、外国人入出境,每人每次携带的人民币不得超出限额,具体限额由中国人民银行规定。

第四条 携带国家货币出入境的,应当按照国家规定向海关如实申报。

第五条 不得在邮件中夹带国家货币出入境、不得擅自运输国家货币出入境。

第六条 违反国家规定运输、携带、在邮件中夹带国家货币出入境的,由国家有关部门依法处理;情节严重构成犯罪的,由司法机关依法追究刑事责任。

第七条 本办法由中国人民银行负责解释。

第八条 本办法自一九九三年三月一日起施行、一九五一年三月六日中央人民政府政务院公布的《中华人民共和国禁止国家货币出入国境办法》同时废止。

附录 B

财经相关技能行业标准

1. 手工点钞行业标准

银 行 名 称	考核项目（手持式单指单张）
工商银行北京分行	挑错点：10分钟16把
建设银行北京分行	挑错点：10分钟18把，抓点10分钟16把
农业银行北京分行	挑错点：10分钟20把（优秀）
交通银行北京分行	抓点：10分钟16把
招商银行北京分行	抓点：10分钟16把
华夏银行北京分行	挑错点：10分钟15把（及格）

2. 数字录入技能考核标准

项 目	计算工具	录入速度标准	录入准确率
数字录入	计算器、小键盘	每分钟190～230个数字	100%

3. 账表算计算技能考核标准

项目	计算工具	时间	等级
账表算	算盘	15分钟	初级
			中级
			高级

4. 点钞技能考核标准

点钞方法	等级	三分钟张数	百张所用时间
单指单张	一	700张以上	22秒以内
	二	600～699张	24秒以内
	三	500～599张	26秒以内

续表

点钞方法	等级	三分钟张数	百张所用时间
单多指多张	一	1000 张以上	17 秒以内
	二	800~999	20 秒以内
	三	700~799	22 秒以内